失敗しない
フランチャイズ
経営の極意

FCビジネスで社会を
イキイキさせる

ダイキチカバーオール株式会社
代表取締役社長
小田吉彦

出版文化社

本書は2017年2月に発刊された『イキイキさせ屋——増収増益を続ける会社のビジネスモデル』に加筆修正を行い、新版として発刊されたものです。

はじめに

私が社長を務めるダイキチカバーオール株式会社は、ビルや各種施設の清掃業務を請け負うフランチャイズ・チェーン（以下、ＦＣ）を展開しています。

カバーオールビジネスの発祥は米国ですが、日本で20年以上かけてこのビジネスを展開する中で、日本市場に適した当社独自のフランチャイズ・システムを磨き上げてきました。

その結果として、２０１９年3月現在、京阪神エリアおよび名古屋圏を対象に約９００の事業者の方々が加盟され、我々本部と協力しながら、日々お客様に清掃サービスを提供しています。

優れた清掃ノウハウを開発・確立することはいうまでもなく重要なことですが、それだけでＦＣが有効に機能するわけではありません。「加盟店の方々をはじめ、このビジネスに関与される全ての人々に、いかにイキイキと働き、イキイキとした人生を歩んでいただくか」。我々は、このことを最大のテーマに掲げ、今日まで取り組んできました。

当社ダイキチカバーオールのフランチャイズ・システムは、今後のFC、特に個人が加盟し、開業するFCにおいて、新しいモデルになり得るものだと考えています。それを、

・カバーオールはじめ、何らかのFCへの加盟を検討している方々

・FC本部の運営に携わっていて、さらなる活性化を模索している方々

・フランチャイズ・システムの在り方について調査・研究している方々

にぜひ紹介したいとの想いから、本書を執筆しました。すでに成熟し切っているとの声も聞こえる日本のFC市場ですが、異なる強みや資源を持つ者同士が協力して新しい価値を創出するFCは、今なお社会的・経済的に意味を持ち、今後もさまざまな可能性を秘めている――。私はそう確信しています。本書を通じて、そうした本質の一端が読者の方々に伝われば嬉しく思います。

とはいえ、当社が蓄積してきたノウハウが、確立した完成版だなどという気は毛頭ありません。我々もさらなる高みに向け、未だ発展途上段階にあります。日々進化したい

と願い、このビジネスをともに進めている仲間たちと切磋琢磨を続けています。

本書を世に問うことで、異なる知見を有する幅広い方々と交流したり意見を交わしたりする機会に恵まれること、結果としてより洗練され社会的価値の高いＦＣへと進化するきっかけとなることを願っています。


本書は全5章から成ります。

第1章では、日米両国におけるＦＣの歴史を紐解いた上で、当社のユニークなフランチャイズ・システムについてご紹介します。先輩である米国の黎明期のＦＣが、今日日本で理解されている一般的なＦＣとはかなり様相を異にすること、当社の事業モデルが米国での初期型ＦＣに近いことなどをご理解いただけることでしょう。

第2章では、私がどういった人生を歩み、ダイキチカバーオールを経営するに至ったのかについて記しています。私の半生記であるとともに、現在のＦＣ事業の原点についても分かっていただけると思います。

第3章では、当社ダイキチカバーオールのＦＣが、どのような理念と仕組みのもとに運営されているかについて、詳しく説明します。フランチャイズ・システムにおける最も重要なテーマは、本部と加盟店の関係性をどのように位置づけるかということです。それについても私どもの考えを述べます。

第4章では、我々が理想と考える状態、つまりかかわる全ての人々がイキイキと活動できるようなシステムを具現化すべく、本部の業務がいかに進められているか、営業活動や組織運営を中心に当社のマネジメントについて紹介します。

締めくくりの第5章では、カバーオール事業の今後の展望・ビジョン、現在進めつつある取組みなどについて披露いたします。

また各章の終わりには、当社が地区本部を置いているそれぞれの地域（大阪・南大阪・京都・神戸・姫路・名古屋・豊橋）において、カバーオール事業に取り組み、活躍している加盟店オーナーの方々（当FCでは「パイオニア」とお呼びしています）からの寄稿文を掲載しました。カバーオールへの加盟を検討されている読者の方々には、大いに参考になることでしょう。

本書を開いてくださった全ての方々が、フランチャイズ・ビジネスに対する正しい評価やその魅力の再発見につながる、新たな気付きがあることを願っています。

目次

第2章　FCビジネスの確立に向けた奮闘 51

第4章 「イキイキ」を支える本部の人々と仕組み

おわりに

第1章　ＦＣビジネスの歴史と現状

日本国内におけるFC業界のいま

日本には、フランチャイズ・ビジネスを展開する数多くの企業があります。コンビニエンスストア（以下、CVS）やファストフード店など、一般の人々にとってなじみ深く、生活する上で欠くことのできないブランドも少なくありません。その市場規模やチェーン店舗数はいかほどなのでしょうか。

一般社団法人日本フランチャイズチェーン協会（JFA）では、日本国内のフランチャイズ・ビジネスの市場動向について実態を把握するために、年に1回調査を実施しています。

その結果をとりまとめた2017年度の報告書（2018年9月発表）によれば、日本国内のフランチャイズチェーン数は1339におよび、それぞれの店舗の数を合計すると26万3490店になります。これには、加盟店だけでなく本部が直接運営する直営店舗も含まれます。

そしてこれらの店舗売上の合計は、前年対比1・8％増の約25・6兆円。リーマン・ショック後の経済の低迷・変調から立ち直った後は、8年連続で増加し続けています。

この内、最も売上割合が多いのは小売業で、18・2兆円とFC市場全体の71・1％を占めています。CVSに限って算出してみると、その売上は11・0兆円で、全体の43・1％と極めて大きな存在感を持っていることが分かります。

読者は、この25・6兆円というFC業界の規模が大きいのか小さいのか、比較するものがないとピンと来ないかもしれません。

2018年度の建設業の市場規模は約57・2兆円（国土交通省「平成30年度 建設投資見通し」）なのでその半分弱、アパレル市場（国内総小売）の約9・2兆円（矢野経済研究所「アパレル産業白書2018」）に対し約2・8倍といった水準です。

もっとも規模的に近いといえるのが外食業界でしょう。2018年7月に一般社団法人日本フードサービス協会が発表した前年時点での外食産業市場規模推計によれば、外食産業全体の市場規模は約25・7兆円です（飲料主体の店舗や、ホテルや旅館など宿泊施設における食事や宴会、学校・病院・保育所等での給食や社員食堂における売上・消費を含み、持ち帰り弁当店や惣菜店など「料理品小売業」は含まない）。

実際の外食店舗には、オーナーシェフがこだわりの料理を提供する店もあれば、全て直営で何十・何百という店を運営するレストランチェーンもありますが、それら全てを合算するとＦＣの市場規模にほぼ一致するわけです。

ＦＣ業界の規模についてはなんとなくご理解いただけたのではないかと思います。異なる観点からのデータにも触れておきたいと思います。

ＦＣに加盟する理由は、ノウハウを入手したいとか有名チェーンの看板を営業に役立てたいなどさまざまだと思います。では新規に独立・開業する人や法人の内、どれくらいの割合でそういった方法が採られるのでしょうか。

日本政策金融公庫総合研究所が２０１７年12月に公開した「２０１７年度新規開業実態調査」の報告書を紐解いてみましょう。これは日本政策金融公庫国民生活事業が、２０１６年４月から同年９月にかけて融資した、開業後１年以内の１４２５の取引先を対象に実施したものです（個人62・7％、法人37・3％、回収率21・2％）。

これによれば、ＦＣに加盟して事業を開始したのは、全体の6・7％でした。その前年・前々年はともに7・1％。回答数が限定された調査ではありますが、概ね7％前後と考えて良さそうです。10％にも満たないことについて、「案外少ないんだなぁ」と感じるかもしれません。

ＦＣという仕組みや手法が適用しやすい業種もあればそうでない業界もあります。また関連する資格やライセンスがないと開業できないような事業では、その取得が一種のパスポート代わりになっている（信用力等を補完してくれる）といった面もあるのでしょう。

オンリーワンのＦＣモデル

当社ダイキチカバーオールは本社を大阪に置き、米カバーオール社のノウハウを用いた清掃事業を展開しています。西日本地域におけるエリアフランチャイザーとして、大阪・南大阪・京都・神戸・姫路（旧加古川）・名古屋・豊橋と6つの地区本部を運営し、新たにサブ・フランチャイズ方式にて福岡県での展開もスタートさせようとしています。

２０１８年第３四半期のデータでは、世界87の地区本部（サポートセンター）中、大阪（1位）、名古屋（7位）、神戸（10位）の３本部がベスト10に入るなど、当社は世界のカバーオール事業を牽引する存在として認知され、米本部からも高い評価を得ています。


そんな当社ですが、その年商は約61億円と、年間約４７００億円（２０１７年度）を売り上げるセブンイレブン・ジャパンの1・３％程度でしかありません。サービス業に属する清掃業と小売業とでは、付加価値率（粗利率）が大きく異なりますから、売上で比較することは必ずしも適切でないかも知れませんが。

チェーン売上の規模からすれば、その他大勢の中の1社に過ぎない我々ですが、加盟店（フランチャイジー）の数としては約９００店と、今後1、2年以内に１０００店超えを窺う水準に達しています。手前味噌ではありますが、FCビジネス市場において一定の存在感を発揮しつつあると認識しています。

加盟店の数もさることながら、当社が最も自負できるのはフランチャイズ・システムの中身です。他とは大きく異なる、当社独自のユニークなFCモデルを構築してきた結果、お客様や加盟店さんなど、このビジネスにかかわる人々にとって、極めて高い満足度を実現しています。

詳細については後に詳しく述べるとして、ここではどういった点が支持されているのか、その要点を3点挙げてみます。

特長①
加盟店が営業活動を一切しなくてよい「製販分離」のFCモデルである。

本部のサポートで、注文された品物を作ったりサービスを提供したりする技術やノウハウはある程度身についた。「本当にお客さんが来てくれるだろうか」「仕事はちゃんと確保できるだろうか」……多くのFCで一番の心配事はこれではないでしょうか。

ダイキチカバーオールでは「販」、つまり清掃業務を受託するための営業活動は本部が行います。もちろん加盟店自ら受注活動に取り組んでいただいても構わないのですが、加盟店が安心して取り組めるよう、仕事を確保する責任は本部が負う——ということを明確化しています（売上保証）。

これにより、加盟店は「製」、つまり受注後の役務提供（清掃実務）に集中することができます。この「製販分離」型のビジネスモデルにより、お互いの業務に邁進して大きな成果をあげています。

特長②
本部と加盟店が理念を共有し、利他の心をもって、Ｗｉｎ－Ｗｉｎの関係を築いたＦＣモデルである。

どのチェーンでも、加盟検討者向けのパンフレットや資料の中で、このような言葉を用いて本部と加盟店の共存共栄をめざすことを謳っています。そして起こりうるさまざまな事態について事細かく記した契約書を交わします。しかし、そのようなＦＣであっても、両者間で深刻なトラブルに発展するという話は枚挙に暇がありません。

むろん契約内容も大切ですが、ダイキチカバーオールでは加盟店と我々が、同じ目標に向かって真の運命共同体として歩めるよう、ＦＣとしての理念を設け、その共有と実践を大切にしています。担当ＳＶ（スーパーバイザー）とのやりとりだけでなく、勉強会や本部方針の発表会、加盟店の中期経営計画の発表会といった場を通じ、本部・加盟店間で緊密に意思疎通が図られる仕組みを構築しています。

特長③
「利益」を追求するだけでなく、加盟店オーナーの「生きがい」の提供にも注力している。

ダイキチカバーオールＦＣに加盟される方のほとんどは個人です。加盟して開業するその瞬間から、カバーオール事業は加盟店オーナーにとってビジネスであると同時に、

「生きること」そのものでもあります。企業が新規事業として取り組むFC加盟とは位置づけが異なります。

ビジネスである以上、利益を追求するのはもちろんですが、それだけでは不十分です。加盟店を営むオーナーやそこで働く人々に、「カバーオール事業に取り組んで良かった」「やっていて楽しい」と感じてもらいたいのです。だから我々は自分たちのFC事業を「生きがい提供業」と定義しています。

生きがいとは人それぞれ違うものです。加盟店オーナーの価値観をできるだけ尊重し、「生きがいを感じられる人生」を送ってもらうことを目標にしています。

「製造」と「販売」の役割分担で始まったFCビジネス

FCビジネスが起こったのは19世紀半ばの米国です。南北戦争の真っ只中、1863年に、シンガー社が同社製ミシンを販売した者に対して報酬を支払うという仕組みを作り、全米にその販売網を広げていったのがFCビジネスの原型だといわれています。またマコーミック社（現ナビスター・インターナショナル社）も１８３１年に開発した農機具について、同じような仕組みで１８５０年から販売を開始しています。

シンガー社やマコーミック社をはじめとする当時の製造業者は、資金や人材などの経営資源が不足しており、直営店を展開することが困難だったようです。そこで、契約を交わして他人に「販売」を任せ、彼らを全米に配置して販売網を確保していったのです。この契約によって、製造業者は「独占的販売地域分与」などの特権（フランチャイズ）を「販売」を代行する者に与え、自らの経営資源は「製造」に集中しました。つまり、ＦＣビジネスは「製販分離」の仕組みとして始まったのです。

その後、19世紀後半になると、この「製販分離」の仕組みがＦＣシステムとして整備され、発展していきます。

当時、この仕組みで大成功した代表的な2社を紹介しましょう。

そのうちの1社が、１８９２年設立のコカ・コーラ社です。

コカ・コーラはもともと駅馬車の酔い覚め薬として開発されましたが、店頭でもグラス売りされるようになって評判を呼び、一般的な清涼飲料水として日常的に飲まれるようになりました。そして、1899年、テネシー州チャタヌーガにて2人の実業家が、コカ・コーラのボトリング販売の権利を手に入れます。

このときの契約は、コカ・コーラ社（＝フランチャイザー）が自社製の原液と統一されたボトルのラベルを供給し、2人の実業者（＝フランチャイジー）が契約した地域で独占販売するというものです。こうして、コカ・コーラのFCシステムが完成し、その後、20年も経たないうちに、1000社を超える販売代理店が全米各地に設立されました。

さらに、これに刺激されたように、ペプシコ社、ドクターペッパー・スナップル・グループ、ローヤルクラウンコーラ社などがFCシステムを導入して成功を収めています。

そして、もう1社がGM（ゼネラルモーターズ）社です。

コカ・コーラのFCシステムが完成し、急速に普及していった19世紀の終わり頃から、米国では自動車産業が発展しはじめます。当初、自動車はメーカーから消費者に直販されていました。しかし、自動車メーカーの1社であったGM社が、販売権をディーラーに与え、「製販分離」のＦＣシステムを導入しました。
そのねらいは、次の３つでした。

①メーカーであるＧＭ社は、販売の手間やコストを省くことで、製造に専念できる。また、巨額の投資を生産分野に集中させることができる。
②成功報酬に基づいているためにディーラーのモチベーションが上がり、販売増が期待できる。
③ＦＣシステムを徹底することで、全米各地でＧＭ社のブランド・ロイヤリティを確立できる。

ここでも「製造」と「販売」の役割を明確に分け、お互いが自社の役割に特化・専念することで、手を携えて事業を拡大し、相互に利益を上げる――というスキームにより発展が図られたわけです。そして、自動車業界におけるＦＣビジネスの成功は、自動車の普及に伴い需要が拡大したガソリン小売（ガソリンスタンド）業界にも波及していきました。

コカ・コーラもGM車もブランド商品です。このようにブランド商品の「製造」と「販売」を、メーカーであるフランチャイザーと販売代理店であるフランチャイジーが役割分担するFCシステムを「伝統的FCシステム」と呼びます。あるいは、「商標ライセンス型FCシステム」と呼ぶ場合もあります。

このFCシステムの大きな目的は、お互いが自社の業務に専念し、協力し、補い合い、共に発展していくことです。FCシステムの原点はここにあります。

「ビジネス・フォーマット型FC」の誕生と急成長

第二次世界大戦が終わると、米国で新たなモデルのFCが登場します。

当時、米国経済は急成長期を迎えていました。また第二次世界大戦やその後の朝鮮戦争に派兵された帰還兵の中には、帰国後になかなか就職先を見つけられず、何らかの商売を始めようと考えた人が少なからずいました。しかし彼らの多くは、開業しようにも、商売のやり方やノウハウを持ち合わせていませんでした。

そこでフランチャイザー（本部）は、ブランド商品を提供するだけでなく、商売や仕事のやり方を徹底的にフォーマット化（標準化）した上で、それをマニュアルとしてまとめ、フランチャイジー（加盟店）に提供したのです。たとえその分野の素人であっても、短期間のトレーニングを経て、マニュアルどおりに仕事をすれば、商売が始められるという仕組みです。

この戦後の新たなＦＣモデルは、それまでの「伝統的ＦＣシステム」に対して、「ビジネス・フォーマット型ＦＣ」と呼ばれ、米国経済の急成長とともに、全米に広く普及していきます。

ここでも成功した代表的な2社を紹介しましょう。

1社がＫＦＣ（ケンタッキーフライドチキン）社です。創業者のカーネル・サンダースは、皆さんご存知ですね。

創業者カーネルは最初、ハイウェイの出入り口付近でガソリンスタンドを経営しており、客の要望で軽食を出していました。ところが、ハイウェイの出入り口が他に移ってしまい、客足が遠のいて経営が悪化したため、店舗を売却。評判のよかったフライド・チキンのセットを車に乗せて、各地のレストランに売り込みに回りました。

その際に採ったのが、レストラン（フランチャイジー）に、圧力鍋やスパイスなど、フライド・チキンを作るセットを買ってもらい、3日ほどのトレーニングを行った上で、チキンの販売数量に応じてロイヤリティを受け取るという方式でした。「ロイヤリティを受け取る」というところが大きな特徴です。

1年を経過する頃から徐々に評判となり、フランチャイジーが増加しはじめます。その後、レストランへの売り込みから、独立した専業の店舗を作り、そこでの持ち帰り販売へと切り替えていきました。それがまた好評で、現在のファストフードのFCへと発展していきました。

もう1社はKFC社と肩を並べるファストフードの雄、ハンバーガーのマクドナルド社です。

もともと同社は、マクドナルド兄弟が開いたレストランが始まりでした。その将来性に着目したのが、マルチミキサーのセールスをしていたレイ・クロックという人物です。

彼はマクドナルド兄弟にＦＣ化を勧めますが、兄弟にはまったくその気がなかったため、１９５４年にレイ・クロック自らがＦＣを始めました。そして、１９６１年、当時としては破格の２７０万ドルという金額で、兄弟からマクドナルドのすべての権利を買い取りました。

レイ・クロックがマクドナルドに将来性を感じたのは、マクドナルドのやり方ならば、当時は標準化が難しいと考えられていたフードサービスの分野で、コントロール可能なシステムが構築できると見込んだからでした。

さらに彼は、長期的にフランチャイジーを育成することを考え出します。

当時のＦＣで行われていた経営ノウハウの伝授はごく簡単なものでした。店舗が開業できるようになると、後のサポートはほとんどせず、次のフランチャイジー獲得に走っていました。しかし、レイ・クロックはフランチャイジーに対するトレーニングや経営支援を継続的に行う重要性を認識していました。そこには、個々の店舗の繁栄が、ＦＣ全体の成功をもたらすという信念がありました。

彼の信念は正しかったのでしょう。世界各国にマクドナルドのＦＣが展開している現状を見れば、誰の目にも明らかです。


伝統的ＦＣシステムでは、フランチャイザーの主な収入源は、ブランド商品の売上でした。それに対して、ビジネス・フォーマット型ＦＣでは、商品の売上ではなく、フランチャイジー向けに作られた経営ノウハウやマニュアルが盛り込まれたビジネス・フォーマットの「使用料」が、フランチャイザーの主な収入源でした。使用料は「ロイヤリティ」という形で、フランチャイジーからフランチャイザーに支払われました。

このシステムの普及によって、商売のやり方やノウハウを持たないフランチャイジーの、フランチャイザーへの依存度が高まっていったともいえるでしょう。つまり十分なノウハウを備えていなくても、気軽に商売が始められるようになり、ＦＣビジネスの普及に拍車がかかっていったのです。

１９６０年代には日本にも

昭和の高度経済成長時代の日本に、米国から持ち込まれたＦＣビジネスは、「ビジネス・フォーマット型ＦＣ」です。日本フランチャイズチェーン協会が編集した『フランチャイズハンドブック』にも、「わが国においては伝統的フランチャイズ・システムを、フランチャイズの範疇に入れていない」との記述があります。

日本で初めてＦＣシステムを導入して開業したのは、ダスキンの「愛の店」と不二家の洋菓子店といわれています。ともに１９６３年のことで、「愛の店」が7月、不二家が10月です。

続いて2年後の１９６５年には、クリーニングの白洋舎がフランチャイズを開始。その翌年１９６６年には、養老乃瀧、山田うどん（山田食品産業）、アートコーヒー、タカラブネ（スイートガーデン）、１９６７年には、８番らーめん（ハチバン）、どさん子

「伝統的FC」と「ビジネス・フォーマット型FC」の違い

伝統的FCの仕組み

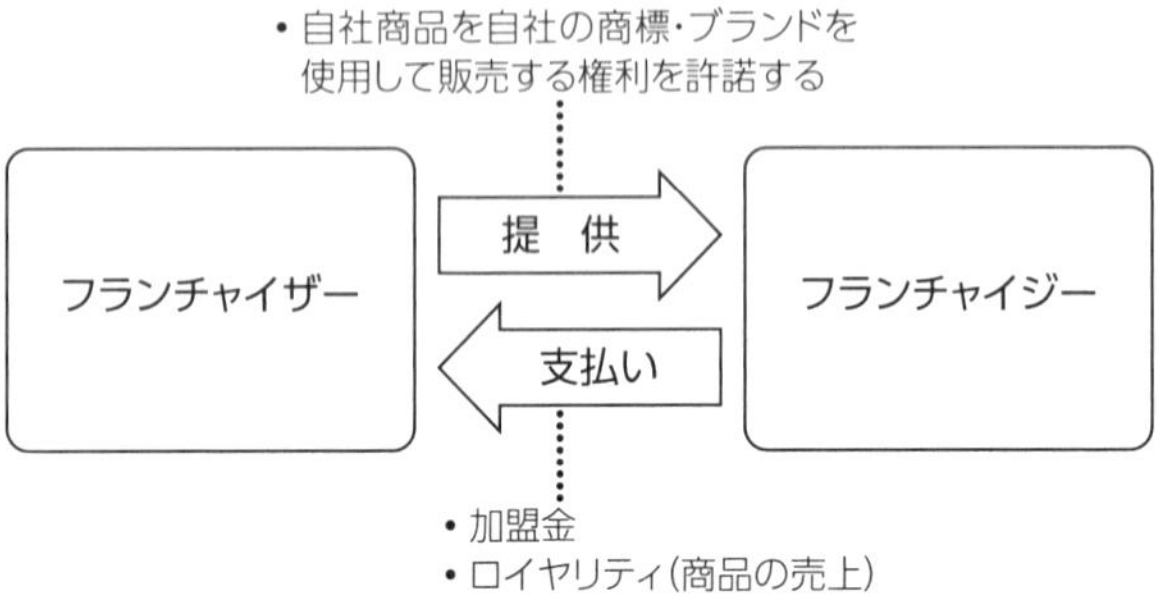

ビジネス・フォーマット型FCの仕組み

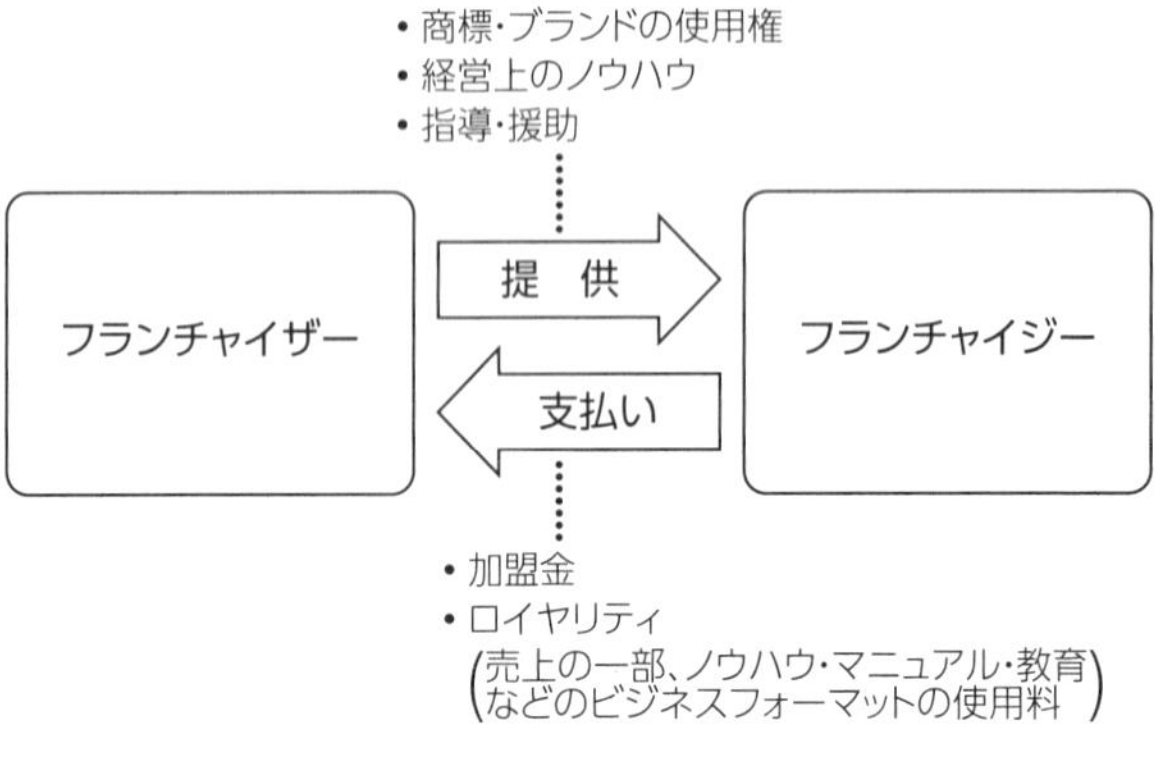

がフランチャイズ展開を始めています。

このように日本のＦＣビジネスは１９６０年代の後半に花開きました。その後、景気の波による影響を受けながらも、ほぼ一直線の右肩上がりで発展してきたことについては、説明を要さないでしょう。

１９７２年には、社団法人日本フランチャイズチェーン協会（ＪＦＡ）が設立されました。１９７５年度のＪＦＡの調査によれば、店舗数が２万８千余店、市場規模が１兆３８００億円でした。それが冒頭で述べたとおり、２０１７年度には、店舗数が約２６・３万店舗、市場規模が約２５・６兆円にまで拡大したわけです。

１９９７年５月に、ダイキチカバーオールの親会社であるダイキチが、米カバーオール社からライセンスを取得し、ビルや施設などの清掃業務のＦＣビジネスを始めるまでは、日本のＦＣといえば、ビジネス・フォーマット型ＦＣを意味していました。

その後、２００２年６月にダイキチのカバーオール事業は、ダイキチカバーオール株式会社として分社・独立し、現在にいたりますが、今でも日本ではビジネス・フォーマット型ＦＣが一般的なＦＣだと認識されています。

そのため、ダイキチカバーオールの「製販分離」モデルは異色なモデルとして認知されることが少なくありません。そもそもカバーオール事業は清掃業、つまりサービス業であり、「製」の字を用いる表現に違和感を覚える方もいるかもしれません。ここで重要なのは、フランチャイザー（本部）とフランチャイジー（加盟店）が、各々の経営資源を活かしつつ役割・機能を明確に分離した形で、相互協力のもとに事業を発展させようという考え方、スキームです。

読者の多くはお気づきでしょうが、当社のモデルは伝統的ＦＣシステムとも明確な違いがあります。伝統的ＦＣシステムが勃興した時代は、需要が供給を上回り、魅力ある製品を作りさえすれば売れるという時代であり、フランチャイザーは「製」を、フランチャイジーは「販」の役割を担いました。

「需給ギャップ」という言葉が頻繁に用いられることからも分かるように、現代の経済状況はそれとは逆です。特に開業間もない頃の事業者の場合、「販」に頭を悩ませるケースが大半です。そのためダイキチカバーオール事業では、販売（契約先の確保）、そして清掃に係る技術・ノウハウの開発やそのトレーニングについては本部が責任を持ち、

「製」、つまり受注後の役務提供（清掃実務）については加盟店の力をお借りする――このように機能を分担して事業を推進しているわけです。

ここまで米国から始まったＦＣビジネスの歴史を遡ってきました。当社の「製販分離」モデルが、ＦＣの原点である「伝統的ＦＣシステム」の流れを汲み、それを発展させたものであることが、おわかりいただけたかと思います。

フランチャイズ・システムの利点と問題点

このように、米国で誕生し発展したＦＣビジネスは、日本に輸入されて以降も順調に成長を続けてきました。その背景には、大きなメリットがあるはずです。同時に、国内市場に広く普及し、有名無名問わず種々さまざまな企業が参入した結果、一部にひずみが生じていることも否めません。そこで、この項ではＦＣビジネスの利点と問題点について見ていきたいと思います。

そもそもＦＣビジネスとは何でしょうか。

日本フランチャイズチェーン協会や国際フランチャイズ協会は、それぞれ定義を公表しています。しかし、いずれも教科書的で堅苦しいので、私はより平易で実践的に、次のように定義しています。

ＦＣビジネスとは、起業をめざす人に対し、本部がブランドの使用権を貸し、事業運営のノウハウ、独自の商品とサービス、さらには販促ツールを提供して、ビジネスを成功に導くものです。その対価として、本部はブランド使用料や加盟金を受け取ります。

この定義にあるように、加盟店が事業を立ち上げ、進める上で必要となる基本的なノウハウやツールは本部が提供します。したがって、単独で事業を起こすよりも短い期間、少ない労力で事業を開始することができます。本部による教育訓練も受けられるため、当該事業の経験がない（少ない）ない素人でも起業できます。事業を開始した後も、本部がいろいろな側面からサポートしてくれるため、事業を安定的に運営できます。これらが、加盟店側にとっての利点です。

同時に、本部はノウハウやツールを提供し、事業を多くの個人・法人に委ねることで、比較的少ない経営資源で短期間のうちに事業規模を拡大できるようになります。19世紀半ばに米国でＦＣビジネスが誕生・普及したのも、これが大きな理由です。

しかし、ここに第一の問題が潜んでいます。

本部側が多くのノウハウや情報を保有するのに対し、加盟店側が保有する情報はごくわずか……つまり偏りが生じます。相対する二者間で、保有したりアクセスできたりする情報に大きな格差があることを「情報の非対称性」といいます。

情報の非対称性のあるところでは、情報を保有している側（ここでは、本部）が圧倒的に優位に立つため、知らず知らずのうちに、保有していない側（加盟店）に不利な条件を押し付けてしまう場合があります。あるいは、加盟店が本部に過度に依存する関係が生まれます。そこに悪意が働けば、本部が加盟店を騙すこともできてしまいます。

希望を抱いて事業を始めたのにいっこうに利益が上がらず、加盟者が「話が違う」といって本部を訴えた話は、残念ながらよく耳にします。悪意の有無はケースによって違うでしょうが、情報の非対称性はこうした不幸な事案を生む主因の一つといえます。

第二の問題は、事業の体制を整えたものの仕事が確保できない、つまり売上が上がらないという問題です。

ＦＣビジネスにはさまざまな分類法がありますが、その一つに「店舗系ＦＣ」と「無店舗系ＦＣ」という分類があります。字のとおり、店舗を構えるＦＣと店舗を持たないＦＣです。店舗系の代表は、コンビニエンスストアや飲食店、ホテルやモーテルなど。無店舗系には、ダイキチカバーオールが行っている清掃事業のほか、住まいのリフォーム、家電の据付・修理サービスなどがあります。

日本のＦＣはこれまで店舗系で発展してきましたが、近年は無店舗系も増えています。また店舗系ＦＣにおいて、法人の加盟が増える傾向が見られます。店舗を構える業態では、加盟金を含む初期投資が多額になることから、個人では参入しにくくなってきているのが主な理由でしょう。

その分、初期投資の金額が少なく、比較的容易に始められる無店舗系に個人が流れてきています。しかし、この「比較的容易に始められる」というのが落とし穴なのです。

想像してみてください。店舗系は立地条件が著しく劣ってさえいなければ、ある程度の来店が期待できます。極端にいえば、悪い評判さえ立たなければ、待ちの姿勢でも一定数のお客様を見込むことができます。

それに対して、無店舗系の業態の場合、お客様を積極的に取りにいかなければ売上は立ちません。よほど注文の反復性が高く、既存顧客からのリピート受注だけで必要な売上が構成できるような事業でない限り、新規顧客を開拓する営業活動に大きな力を傾注する必要があります。

営業経験の（少）ない方にとって、これは決して容易いことではありません。事業を始めたものの仕事が取れず、「こんなはずではなかった」と、起業したことを後悔するケースが後を絶ちません。

仮にある程度の売上を得られたとして……それが過重な長時間労働でしか実現できなかったとしたら、手放しでは喜べないでしょう。これが第三の大きな問題です。

店舗系の場合、多額の初期投資を回収するために、大きな利益をコンスタントに上げなければならず、コストをいかに抑制・削減するかが大きな課題となります。最初に思い浮かぶのは、店舗スタッフとして雇用する従業員の人件費です。一部のコンビニエンスストアなどでは、深夜にアルバイトを雇う余裕がないために、加盟店オーナーが長時間労働を強いられることが常態化し、社会問題になっているのはご承知の通りです。

同様に無店舗系においても、資金不足を補おうとオーナー自身が自らの睡眠時間を削って、既存顧客向けのサービス提供等と新規開拓活動を並行して進めるなど、「それなりの売上」と過酷な長時間労働を引き換えにしているケースが少なくありません。

古いデータで恐縮ですが、国民生活金融公庫総合研究所（現日本政策金融公庫総合研究所）による「新規開業企業を対象とするパネル調査結果（２００４）」では、フランチャイズ加盟企業の廃業率が、非加盟企業の約2倍という調査結果が得られています。廃業といっても、必ずしも赤字であるがゆえに経営が立ちゆかなくなったとは限りません。（期待を下回る利益水準ゆえに見切りを付け）高い利益を見込めるＦＣブランドへの転換（再加盟）といったケースもあるでしょう。

いずれにせよ全体として見れば、ＦＣへの加盟が、加盟店が事前に抱いた期待に応えられていないケースが多い（確率が高い）とはいえるでしょう。それだけ、前述した3

つの問題が深刻なのだと、私は考えています。

ダイキチカバーオールＦＣの優位性

逆に考えると、この３つの問題を解決できれば、ＦＣビジネスの本来のメリットがいかんなく発揮されるはずです。そして、ダイキチカバーオールのＦＣモデルこそ、３つの問題に真正面から取り組み、解決できるモデルだと考えます。

ダイキチカバーオールは、今のところ事業規模では大手ＦＣの足元にも及びませんが、３つの問題をクリアするモデルとして、オンリーワンの存在だと自負しています。重複しますが本章の締めくくりとして、ダイキチカバーオールの３つの特長をまとめておきます。

特長①
加盟店が営業活動を一切しなくてよい「製販分離」のＦＣモデルである。

営業、つまり清掃業務を発注いただけそうなお客様の発掘やその後の提案、契約までは本部が行い、受注した仕事について加盟店に紹介し、清掃実務を担っていただくというのが、ダイキチカバーオールにおける基本的な役割分担です。加盟店側で営業する必要は一切なく、清掃業務に専念してもらえます。

私がダイキチグループの中で、ダイキチカバーオール事業の責任者に就任して以降、今日に至るまで、仕事が確保できずに加盟店の方々に迷惑をかけたことはありません。

本部がいかにしてコンスタントに仕事を受注しているか。これについては、第4章「『イキイキ』を支える本部の人々と仕組み」の中で、詳しく紹介します。

特長②
本部と加盟店が理念を共有し、利他の心をもって、Ｗｉｎ−Ｗｉｎの関係を築いたＦＣモデルである。

ダイキチカバーオールのＦＣモデルにおいても、本部と加盟店との間に情報格差があるのは事実です。重要なのは、本部の責任において、それが加盟店さんの不利益につながらないようにするという意思と行動だと私は考えます。本部が「利他の心」をもって、意図的に加盟店さんと対等であろうと努力しなければ、「Ｗｉｎ－Ｗｉｎ」の関係は築けません。

当社ダイキチカバーオールがいかにして加盟店さんとの間にＷｉｎ－Ｗｉｎの関係を築いているか。一言でいえば「理念と共有と実践」ということになりますが、具体的には第３章「加盟店の『イキイキ』にこだわるＦＣ」などで述べます。また、実際に本部・加盟店間でＷｉｎ－Ｗｉｎの関係性が築かれているか、各章末尾で紹介する加盟店オーナーの生の声も参照ください。

特長③
加盟店の「利益」を追求するだけでなく、「生きがい」を提供するFCモデルである。

実は、これを実現するのが一番困難でした。人それぞれ、百人いれば百通りの「生きがい」があり、一つの基準で括るのは困難です。

もともと私は多くのビジネスパーソンと同様に、利益を追求すること、俗にいえば「稼ぐこと」が「生きがい」でした。全員そうであればわかりやすいのですが、中には余暇を大切にする人もいます。

実際、ダイキチカバーオールの加盟店オーナーさんには、事業意欲の高い方から、ゆとりのある生活ができるだけの収入があればいいと考える方もいます。どちらの「生きがい」も尊重するには、ＦＣの運営を規則でがんじがらめにするのではなく、ある程度の融通を利かせる必要が出てきます。たとえば、ダイキチカバーオールでは、加盟店が別のビジネスと兼業で稼ぐことを認めていますし、絶対にこれだけの件数を請け負わなければならないといったノルマは課していません。

このようにルールに幅を持たせながら、ＦＣとしてのまとまりを維持できているのは、本部が加盟店オーナーたちと積極的にコミュニケーションを取り、信頼関係を醸成してきたからです。本部・加盟店間で、ダイキチカバーオールほど交流の場を作っているＦ

Cは他にはないと思います。

もっとも、こうした3つの特長は、最初から計画して作り上げたものではありません。私が多種多様なビジネスを経験し、先輩にアドバイスをもらい、多くの課題を乗り越えてきた結果、必然的に到達したモデルです。

第2章では、私が現在のダイキチカバーオールのFCモデルに行きつくまでの経緯についてご紹介します。

従業員が真に満足できる企業・職場にしたい

株式会社アークフィールド　代表取締役　佐藤大介（さとう・だいすけ）さん
〔48歳男性、加盟歴21年、大阪地区本部〕

母の病気をきっかけに帰阪し二十代で起業

カバーオール事業、ラーメン店（3店）や弁当屋といった飲食事業、中古車を中心とした自動車販売事業と大きく3つの業種を営み、全体で約85名の従業員が集うアークフィールドグループを経営しています。最初に手がけ、現在も収益の柱になっているのがカバーオール事業です。

元々大学を卒業し、横浜の会社で自動車設計に携わっていましたが、母親の病気をきっかけに地元である関西に戻ることにしました。当時まだ20代半ばでしたが、再就職するのではなく、今度は自分で事業を興したいと考えました。自分の好きなクルマ関連のビジネスをしたかったのですが、やはり資金面でのハードルが高く断念しました。その代わりといってはなんですが（笑）、営業保証がなされていることに加え、高齢化する社会環境下でも発展が見込めるその将来性に魅力を感じ、カバーオール事業で独立しました。

ここにはともに学びあえる場がある

結果的にはカバーオールで経営基盤を確立した後に、念願だった自動車ビジネスにも参入できましたから、事業展開の順序としては間違っていなかったと思います。

カバーオールには、高度な清掃ノウハウや洗練されたフランチャイズ・システムなど様々な優位性があると思いますが、私が一番素晴らしいと思うのは、学びのための場が用意され、ともに学び合う風土があるところだと思います。

たとえば清掃技術を習得するための勉強だけでなく、未来塾のように経営者としての学びの場も与えてくれます。また私についていえば、従業員の人事評価についての悩みを相談したところ、小田社長はまったく出し惜しみすることなく、自社やご自身のノウハウともいえる人事制度について教え、助言してくれました。

他のオーナーさん達との間でも、勉強会などの場を通じて刺激を与えあったりするほか、温泉に行ったり、バイクツーリングに出かけたりと、カバーオールのネットワークを通じて素晴らしい知己を得ることができました。

加盟者として古株ということもあり、当社が多角化を進めることができた理由についてしばしば尋ねられます。

借入さえできれば、多角化、多店舗化はそれほど難しくありません。大切にしてきたのは、安易に借金せずに、できる限り自己資金で取り組むことです。そのために経営者である自分の給料もできるだけとらずに、会社に資産が残るようにしてきました。従業員も増える中、自分の事業意欲だけで、リスクを必要以上に高めないよう留意してきました。

地域や社会に必要な企業としてコンプライアンスを重視した経営を心がけるとともに、やはり縁あって当社の門を叩いてくれた従業員たちが「この会社で働けて良かった」と真に思ってくれるような企業にしていくのが、私にとっての最大の目標です。そのためには、私の後に続いて、経営のできる人物をどんどん育成していくことが大切だと思っています。

第2章　ＦＣビジネスの確立に向けた奮闘

家業の土木建設会社で社会人生活をスタート

前章では、ＦＣビジネスの発展に至る歴史的な流れを踏まえ、ダイキチカバーオールのＦＣビジネスが、日本市場においてオンリーワンのモデルであることを見てきました。では、この独自モデルはどのようにして生まれ、育ってきたのでしょうか。ダイキチカバーオールのＦＣビジネスについて理解を深めていただくために、本章では現在のモデルができるまでの経緯を説明しましょう。それは私が社会人として働き出してから現在に至るまでの人生とも重なっており、私の半生を紹介することにもなろうかと思います。

私は土木建設業を営む家に生まれました。祖父も父も非常に厳しい人で、私が外でケンカをしてきても何もいいませんでしたが、ケンカに負けて帰ってメソメソしていると、「泣くな！」ときつく叱られました。仕事柄、家には荒っぽい若い衆がいつも出入りしていて、子どもの私は、皆にずいぶんかわいがってもらいました。

そんな環境で育ったせいか、中学生になる頃には、学校でも評判の不良になっていました。仲間もそろいにそろって不良。ワルさばかりの毎日でした。なんとか高校は卒業したものの、大学に進学することなど考えたこともなく、家業の土木建設会社に就職しました。

実は、それ以前の中学生のときにも、しばらく学校に行かず家業を手伝った時期がありました。工事現場で堂々とタバコを吸えることに大喜びしたのも束の間、肉体労働のきつさに音をあげて、進学したいと頼み込み高校に進むことになりました。学校から遠ざかった理由も、高校進学を希望した動機も、不純なものでした。

しかし、高校を卒業して正式に就職してからは逃げる場所もなく、毎日、現場で汗だくになって一所懸命働きました。もともとスポーツが得意で、体を動かすことは大好きだったので、汗にまみれて仕事をすることに充実感を覚えるようになりました。

一方で、働いた後は毎晩のように遊び回りました。明け方まで遊んで一睡もしていないときであっても、必ず早朝から現場に出かけました。同じ時期に働いていた先輩や後輩が、一人二人と辞めていく中、いつしか私は人一倍、まじめに働く人間になっていたのです。それには父の影響が大きかった気がします。

父は仕事には徹底して打ち込み、一旦仕事を離れると、大きな外車を乗り回して派手に遊んでいました。私はそんな父の姿にあこがれ、父以上の金持ちになりたいという夢を持つようになりました。そんな夢を原動力に一所懸命働くようになったのでした。

営業の醍醐味を知って転職を決意

現場で2、3年肉体労働をした後、営業の仕事を任されるようになりました。営業といっても、主たる活動は、土木工事の発注元である役所を定期的に訪問することです。役所の土木課や工事課に日参して、予定されている道路工事の情報を同業者よりもいち早く入手することが求められました。

もちろん、公共工事は最終的に競争入札によって発注先が選定され、早い者勝ちではありません。しかし、事前にできるだけ多くの情報を入手すれば、同業者との駆け引きで優位に立ち、より条件の良い仕事を受注しやすくなります。また、役所に足しげく通うことで担当者と親しくなり、信頼関係を築ければ、それは有形無形の力となります。役所への訪問活動も、本質的には重要顧客を相手にしたルート営業そのものであり、一般の営業と変わりません。

近年の公共事業は、自治体や工事規模によっては、技術提案や過去の施工実績などを考慮した総合評価落札方式が主流になるなど、入札方法も大きく変化しています。しかし十分な質と量の情報を入手し、発注者が重要視する事柄などその内容をしっかりと見極め、競合を上回る有効かつ有益な提案や入札を行うという営業の基本は変わらないと思います。

私は営業の仕事を任されたことで、情報収集の方法、仕事を勝ち取るための創意工夫、お客様とのコミュニケーション、自己アピール、競争相手との駆け引き、ここぞというときの判断力など、多くの商売のコツを学びました。

そういったスキルを身につけるとともに、受注成果が上がるようになります。自分の努力が実り、結果が出るようになると、営業という仕事の面白味や醍醐味を肌で感じます。するともう一段高みをめざして創意工夫を重ね、さらなる実績につながる……こんな好循環が自分を成長させてくれました。このときの経験は、その後の営業や現在の経営の仕事の基礎になっています。

営業の仕事にますます夢中になった私は、24歳のときに家業の土木建設会社を辞めて、不動産会社の営業に転職します。

転職の動機は、主に3つありました。

第一に、役所への決まったルート営業だけでは物足りなくなり、もっと力をつけるために別の業界の営業を経験したくなったからです。営業の仕事に自信が出てきて、自分の力を試してみたいという気持ちもあったように思います。

第二に、私には一歳上の兄がいて、彼が家業を継ぐことになっていたからです。率直に申し上げると、兄と私は仕事や経営に対して考え方も異なり衝突が絶えませんでした。どの家でも、年子の兄弟とはそういうものかもしれませんが。

父は、私たちが会社を継ぎ、兄弟が協力してさらに発展させて欲しいという希望を持っていました。私からすれば、兄の下で働く以上、いくらがんばっても、自分の采配で会社を経営することはできません。それでは面白くないと思いました。

そして第三の理由、これが最も大きな動機ですが、お金をたくさん稼ぎたかったのです。家業の給料も悪くはなかったのですが、もっと稼いで良い車に乗りたい。良いものを食べたい。人より贅沢な暮らしがしたい。そう思っていたのです。

お金を稼ぎたいと考えることは、決して間違ったことではありません。多くの企業経営者のモチベーションの源泉でもあります。しかし、私がお金を稼ぐことの先に思い描いていた前述の願望は、振り返ってみると個人的なものばかりで、もう少し社会性のある野心を抱けなかったものかと、少々恥ずかしい気がします。

ちょうどその頃は、日本経済がバブル景気に沸いていた時期でした。当時の青二才として、そんな無邪気な夢を抱いたのも致し方なかった――。そのように自己弁護しておきます。

不動産業界で腕試し

次なるステージとして私が目をつけたのは、不動産業界でした。バブルの最盛期で、不動産価格は高騰を続けていました。この業界で成果を上げれば、高給を得られるはずだと考えました。友人の勧める不動産会社の面接を受け、幸運にも社長に気に入られて採用が決まりました。

そこでの営業の仕事は商業用地の買収でした。当時、新大阪駅の周辺は人通りも少なく、田んぼや畑がたくさん残っていました。今のようなビルもほとんどなく、建っているのは民家ばかり。そこを一軒一軒訪問し、土地を売って下さいとお願いします。留守の家も含めると、毎日１００軒ほどのお宅に伺いました。飛び込み営業ですので、役所のルート営業と同じようにはいきません。ずいぶん苦労しました。

家業で営業を担当し、少しばかり成果をあげたものの、特段高度な営業テクニックを身につけていたわけではありません。数多くの地主さんを訪ねて、ただひたすらお願いするだけ。まさに直球一本やりの営業でした。他の営業社員はそこまでやりませんでしたが、私だけは「夜討ち朝駆け」もいとわずやりました。

しつこい営業は嫌がられる。そう思う人がいるかもしれませんが、私の経験上、そういう人は成功しません。このときも最初は邪険に扱われましたが、何回も通って誠心誠意、交渉を続けるうちに、地主さんたちとも世間話ができるようになり、最後には成約に持ち込むことに成功する――そんな成功体験も何度か積みました。

その頃は「明るく元気」なだけが取り柄の私でしたが、それが相手の心をつかむのに大きく役立ちました。不動産が活発に動いていた時期だったことも幸いし、徐々に成果があがり始め、さあこれからだ、というときにバブルがはじけました。転職して3年目のことです。

勤めていた会社は坂を転がり落ちるように、一気に業績が悪化。私はその会社に見切りをつけて、同僚と3人で自分たちの不動産会社を立ち上げることにしました。勤めていた会社は、私たちが辞めてほどなく倒産しました。

しかし、バブル後の不景気のさなか、経験も知名度も信用もないのに、自分たちの会社だけがうまくいくはずがありません。結局、仕事らしい仕事を手がけるまでにも至らず、1年後には解散せざるを得ませんでした。「明るく元気」なだけで通用するほど甘くはありませんでした。

その後、私は、別の不動産会社に再び就職しました。

最適な土地活用法を提示すべく企画提案力を磨く

2番目に勤めた不動産会社では、ただ単に土地を「売ってください」「買ってください」ではなく、「この土地はこんな事業を展開するのにふさわしい物件ですよ」と提案して売る、いわば企画提案型の営業を行っていました。営業方法が以前とまったく変わったのは、付加価値を提案しないと不動産が動かない時代になったからです。

そのため、該当物件の周辺環境や将来性などから、どんな業種がふさわしいのかを調査し、それに見合った販売先の候補を探さなければなりません。ターゲットを絞り込んだ上で、相手の業態や業界のことも詳しく研究して、「こういう理由で、お客様にぴったりの土地ですよ」と的確に提案しなければなりません。営業をするのに、高度な調査力や企画力が求められるようになりました。

この時期、私はそうした能力を身につける必要に迫られ、不動産のことや経営のことをずいぶん勉強しました。お金を稼ぐためでしたが、人一倍勉強したと自負しています。おかげで私は「明るく元気」なことに加えて、調査力、企画力、ひいては提案力を徐々に習得していきました。

提案型の営業を続ける中、あるとき、非常に大きな物件情報が入ってきました。売り手と買い手の利害が一致するなど、交渉がスムーズに進む条件も揃っており、非常に有望な物件でした。

私の勤めていた不動産会社では、当時の業界の通例に従って、基本給＋コミッションという給与体系をとっていました。基本給はわずかで、それだけではカツカツの生活しかできません。売れない営業社員は次々と辞めていきました。

契約額が大きければ大きいほど、コミッションも高額になります。また、同じ物件の売りと買いの両方を扱えば、コミッションは2倍になります。

俄然やる気になった私でしたが、そうそう好材料ばかりとはいかないものです。詳しく調べていくと、土地の一角に、わずか5坪ではありますが、売り手とは異なる人の所有する土地が含まれていることがわかりました。この5坪を買い取らないことには、成約は見込めません。

5坪の土地の所有者はこちらの足元を見て、法外な値段を吹っかけてきました。なんとか説得して常識的な価格で売ってもらわなければ、成約にたどり着けません。相手は地元の大物でかなりの曲者でした。それでもその所有者の家に足繁く通い、粘り強く交渉を続けるうちに、少しずつ相手の態度が軟化するのを感じました。どうやら私のことを気に入ってくれたようです。半年かかりましたが、相場の約2倍の価格で決着することができました。

5坪の土地を買い取れたことで、本丸の契約についても無事成約にこぎつけ、私は破格のコミッションを手に入れました。「稼ぎたい」という思いで、この業界に飛び込んできただけに、うれしくて、うれしくて、もう有頂天です。

振り返れば、私は営業という仕事において、このときにやっと一人前の域に達することができたように思います。

ダイキチ松井会長との運命の出会い

それからしばらく経ち、ある高級住宅地に程近い、ロードサイドの１２０坪の物件を扱うことになりました。１階にピロティタイプの駐車場があり、店舗も付いています。いつものように、私はこの物件がどんな商売に向いているかを調査し、数社に提案を持ちかけました。その中の1社が、レントオール事業を行っていた株式会社ダイキチでした。私はここで、今日に至るまで薫陶を受けてきたダイキチの松井信博会長（当時は社長）と出会うことになったのです。

ダイキチへのアプローチは電話を入れるところから始めました。最初の数回は空振りでしたが、何度目かの電話で本人に取り次いでもらうことができました。もちろん、面識はありません。松井会長に「こういう物件があるのですが……」と面談を求めたところ、「そんな商売をしている人間に会う時間はない」と、けんもほろろに断られました。ただ電話の切り際に、「まあ、資料ぐらい送ってこい」という言葉を掛けられたのです。

資料を送れというからには、某かの物件を探しているのではないだろうか。私は断られたことに対する落胆よりも、資料を求められたことにチャンスを感じ、その後も電話を入れましたが、門前払いが続きました。

しかし、冷たくあしらわれたぐらいでへこたれる私ではありません。小さな灯火とはいえ、そこにチャンスを見出した以上、簡単にあきらめるわけにはいきません。粘り強く電話を繰り返しているうちに、「そこまでいうなら、一度、会おう」というセリフを勝ち取りました。

「おっ、えらい若いんやな」

初めて会ったときの松井会長の第一声です。私はガラガラ声なので、電話ではもう少し年配だと思われていたようです。そんな風に言葉を掛けてもらえるのは、第一印象がよかった証拠。私はそう解釈しました。人は警戒する相手や気に入らない相手に、どう感じたかなど伝えないものです。ロードサイドの１２０坪の物件は成約には至りませんでしたが、これをきっかけに、他の物件を提案するために、松井会長と数回の面談を重ねました。

ところが、ある日突然、今度は松井会長の方から「折り入って話がある」との連絡が入りました。「どんな物件を探しているのだろう」という程度の気持ちで会ってみると、開口一番、松井会長は「ウチで働いてくれないか」と単刀直入に切り出したのです。ダイキチの新事業として、造花のレンタル事業を立ち上げるので、その責任者を任せたいという話でした。

まだ数回しか会っていない間柄だったので、私はびっくりしました。と同時に、造花のレンタル事業が、どういうものなのかもわからず、見込まれたことはうれしかったものの、困惑の方が大きかったことを覚えています。

その頃の私は、不動産の営業でそこそこ実績をあげてはいたものの、このまま続けるべきかどうか、迷いが生じていました。成約すれば大きな収入になるものの、常時、取り扱う物件が保証されているわけではありません。安定した収入は見込めず、先々の見通しも立ちません。もう少し地に足の付いた堅実なビジネスをすべきではないかと考え始めていたところでした。

そんな私の心の迷いを見抜いてのことかどうか定かではありませんが、松井会長は次のような口説き文句を発しました。

「小田くん、君は人から商売を教わったことはあるか？　わしが商売教えたろ」

これこそ自分が求めていた言葉であり環境である。私はいわれて初めてそのことに気づいたのです。堅実なビジネスをめざすにしてもどうすれば良いか、経営の実際は何も知りませんでした。私はこの一言で、松井会長にお世話になることを決意しました。

その後、私は多くのことを松井会長から学びました。今の私があるのも、松井会長との運命的な出会いがあったからこそ――そう思っています。人生において人との出会いは本当に大切なものです。

こうした出会いは計画的に得られるものではありません。まさに「偶然の産物」です。一方で、私が粘り強く誠心誠意アプローチしたからこそ、その姿勢が評価され出会うことができたのも事実です。偶然とはいえ、決して「棚からボタモチ」ではなかった、ということです。

こうして私は、営業の世界から経営の世界へと一歩足を踏み出しました。

造花のレンタル事業をゼロから立ち上げ

1992年3月、私はダイキチに入社しました。27歳のときです。

入社した私は早速、造花のレンタル事業を行うフラワー事業部の責任者を命じられました。といっても、まだ事業は始まっておらず、全くのゼロからのスタートです。指導してくれる上司もいません。当時の世の中には、まだ造花をレンタルするという習慣どころか発想すらなく、参考にできる先発企業もありません。新しいビジネスモデル自体を独自に創造しなければなりませんでした。

フラワー事業部では造花だけでなく、人工樹木も扱うことを計画しており、最初の仕事は、その作り方を学ぶことでした。北海道にある人工樹木の製造現場に1ヵ月ほどお邪魔して、作業を手伝いながら基礎知識から作り方までを一通り習得しました。

レンタルサービスは、月額1800円で、毎月、造花人工樹木を交換することにしました。ホテルやレストランをはじめ、喫茶店、美容室からパチンコパーラーまで、ターゲットは非常に多岐にわたります。

私は最初、1日1件のレンタル契約を取ることを目標に、毎日30～40件の店舗や会社を訪問しました。街中にあるビルのすべてのフロアをしらみつぶしに回る感じです。一人だけ部下が付きましたが、誰一人として長続きせず、短期間に次々に部下が交代しました。

契約が決まれば、提供する商品を手配する必要があります。ペースとしては1日1件程度ではありますが、仕入れたものを右から左へと流すように提供するわけではなく、お客様の要望に応じて1本ずつ作らなければならないため、次第にその作業に追われるようになりました。

砂利を混ぜたコンクリートを鉢に流し込み、仕入れた白樺の木をそこに固定。人工の枝や葉を付けて人工樹木を完成させます。レンタルから戻ってきた樹木をスプリンクラーで洗浄する作業もありました。契約が取れるごとに、仕事はどんどん増えていきました。それを回すために、平日は営業、週末は製造と、私は３６５日休みなしの状態になりました。一緒に営業していた部下は家庭を持っていたので週末は休ませて、毎日曜日、私一人でコンクリートを練ったり、樹木を洗浄したりしました。

それは覚悟の上のことでした。「商売を成功させるには、死に物狂いで努力をし、何かを犠牲にしなければならない。犠牲にするのは、家族なのか、お金なのか、時間なのか」と、松井会長からもいわれていました。

私は最低でも1年間、事業がきちんと立ち上がるまでは、時間を犠牲にして努力しようと決意しました。どんな業種でも、どんな経営者でも、そういう時期が一度はあると思います。

一方、造花のレンタルサービスについては、人工樹木に少し遅れて開始しました。

こちらは当初、仕入先から造花の完成品を送ってもらっていました。フラワーアレンジメントの技術がなかったので、そうするしかなかったのです。作る手間が省けて最初こそよかったのですが、すぐに大きな問題にぶち当たりました。こちらの思いどおりに完成品が仕上がってこないのです。

レンタルする造花は、きれいな花であれば何でもいいというわけではありません。店舗やオフィスの環境や雰囲気に合わせ、また、花を置くスペースに応じて、的確なフラワーアレンジメントが求められます。仕入先の力量不足から、それができていなかったのです。当然ながらお客様の満足は得られず、サービス展開に行き詰まってしまいました。

困り果てた私の救いとなったのは、このときも人のご縁でした。造花の仕入問屋さんが、腕のいいフラワーデザイナーを紹介してくれたのです。まさに救いの神でした。その方がアレンジメントを手がけるようになると、格段に品質が向上しました。さらにアシスタントを何人も連れてきてくれたおかげで、技術力とマンパワーの両方を一気に補うことができました。

スタートしてから約1年。フラワー事業部も商品を安定して供給できるようになり、ようやく事業としての体裁が整いました。

他社の歴史から着想を得て新たな販促法を考案

有能なフラワーデザイナーの力を借りるようになってから商品バリエーションも増えました。それを写真に撮って作品集を作ったところ、非常に強力なセールスツールになりました。体制が整うと、好循環が生まれるようになるものです。

次の課題は、事業規模を拡大させることです。

営業社員を１人、２人と増やす程度では発展性がありません。工夫して何らかの仕組みを構築することが必要だとは考えましたが、どうすればよいかわからず、悩ましい日が続きました。

学歴もない私は、人より多くの知識を得るためには、本を読むしかないと思ってこれまでやってきました。このときも古本屋に出向き、ジャンルを問わず抱えきれないほどの本を買ってきて片っ端から読み漁りました。本の中にヒントを求めたのです。そこで見つけた事例が、戦前の花王シャンプーの販促手法でした。

戦前の日本では固形石けんで髪を洗うのが常識だったので、液体のシャンプーがどんなものなのか理解されず、それで敬遠されていたといいます。液体で髪を洗うと、赤くなるという迷信までまことしやかに噂されたようです。それならば、シャンプーのよさが正しく理解されれば、受け入れられるはずだと考えた同社では、無料で試供品を配ることにしたのです。それが大当たりしました。

私は、これだ！　とひらめきました。

早速、レンタル造花の良さを知ってもらうために、試しに置いてもらう「モニター営業」を始めることにしました。当時は、営業が私ともう1人、アレンジメントの3人のみで、マンパワーが限られていました。

そこで、学生アルバイトを雇い、売ったり契約をとったりしなくてよいので、商品を持参し「1週間、お試しいただけませんか」と店舗や事務所をお願いして回る活動に注力してもらいました。売り込みではなく無料なので、あまり断られることはありません。アルバイトでもできる仕事でした。

その上で、１週間後に私がモニター先に出向き、感想や意見を聞きつつ、契約を勧めるという手はずです。ほとんどのモニターは値段の割には有効であると評価してくれ、交渉するまでもなく面白いように契約が取れました。

学生がアプローチしてモニターを発掘し私がクロージングする、という分業による営業活動が功を奏し、売上は爆発的に増加しました。このときから、私は事業を発展させるためには、有効に機能する仕組みを構築することが非常に大事だと確信するようになりました。その考えは、現在のＦＣビジネスにつながっています。ＦＣビジネスこそ、まさに仕組みで成り立つビジネスだといえるでしょう。

事業を発展させるためには、新規開拓だけでは不十分です。他にも、リピート率１００％を目標に、女性営業社員をルートセールスに起用したり、花器にもこだわって商品の付加価値を高めたりと創意工夫を続けました。

さまざまな策により、売上が急増したのはよかったのですが、それによって今度は、商品づくりに追い立てられるようになりました。事業が軌道に乗って以来、神戸と大阪に営業所を出していましたが、それぞれの月商が４００万円を超える頃から、両方の営業所の倉庫は花だらけで足の踏み場もない状態になりました。生産もパンク寸前です。

特に12月は死に物狂いでした。クリスマスに向けた旺盛な需要をなんとか乗り切ったかと思う間もなく、今度は年末までの間に、一斉に正月バージョンに入れ替えなければなりません。近所の主婦を集めて手伝ってもらい、それでも大晦日まで働き詰めで、年が明けてどうにか一息つくのがやっとでした。こんなことを毎年やっていては身が持たなくなる。そう考えると怖くなりました。

こんなことをいうと罰が当たりますが、これ以上、売上が増えたらどうしようと真剣に悩みました。事業を継続・発展させるために、生産の仕組みづくりが求められる時期にきていたのです。

話は少し変わりますが、この頃のことで、苦い思い出があります。事業がさらに拡大して、営業社員が４、５名に増えていました。

この頃の私は、仕事にのめり込み、売上を上げることに躍起になっていました。モニター営業の成功で自信が高まり、部下に対しても「1日1件の契約がとれるまで帰るな」などと、スパルタ式で臨んでいました。私の鬼軍曹ぶりに社員たちはいつもピリピリとし、社内はすさまじい雰囲気だったはずです。でも、私は順調に伸びる売上にばかり目を奪われ、ともに働く仲間のことについては無関心でした。その間、皆は不満を募らせていったようです。

それがあるきっかけで爆発し、突然、社員全員が揃って辞めてしまいました。「小田部長にはついていけません」というのが彼らの言い分でした。

予想だにしない出来事に直面した私は、驚愕すると同時に、大きな心理的ショックを受けました。初めての挫折だったといえるでしょう。何が悪かったのか、どうすればよかったのか、答えのない問いがぐるぐると頭をめぐっていました。

頭と心を整理する時間が必要だと考えた私は、松井会長に「一週間休ませてください」と泣きついたところ、「この状況から逃げるな」と退けられました。そうした厳しい指導の一方で、会長は私を寿司屋に連れ出し、「お前にはこんなつらい思いをさせたくなかった」と慰めてもくれました。

この一件で、私は社員の働きぶりや社内の様子に、もっと目を向けなければならないと考えるようになりました。社員への対応を改め始めたのもこの頃からです。苦い思い出ではありますが、私にとっては大きな転機になりました。

しかし、正直に白状すると、そのときはまだ心の奥底では、自らに非があることを認めることができず、心のどこかで「辞めていった者が悪いのだ」と責任を転嫁する自分がいたように思います。

主婦をメインターゲットにフランチャイズ化

大きな挫折を経験しながらも、造花レンタル事業の勢いはいっこうに衰えません。ついに1996年11月、フラワー事業部は株式会社ベレーロとして、ダイキチからの独立分社を果たしました。これまでの苦労が新会社設立というかたちで実り、感慨もひとしおでした。私は取締役営業部長を拝命し、引き続き新会社ベレーロをけん引することになりました。

しかし、生産現場は変わらず多忙を極め、生産の仕組みづくりという課題は残ったままでした。いっこうに妙案が浮かばず、時間だけが過ぎていきました。

それを打破するヒントとなったのは、意外にもダイキチが新規事業で始めたカバーオール事業でした。事業の詳細は後述しますが、概略をいうと、ダイキチが営業して取ってきたビルやオフィスなどの清掃業務を加盟店さんが請け負うというＦＣビジネスです。これを横目で見ながら、ベレーロにも応用できると考えました。

世の中には、フラワーアレンジメントを趣味にしている主婦はたくさんいます。彼女たちをフランチャイジーとして募り、アレンジメントした商品を自ら配達してもらい、売上の何割かを戻すというシステムです。大好きな趣味がお金になるならぜひやりたい。そう思って希望する方が数多くいるはずだと考えたのです。

問題はどうやって募集するかです。奥様方がフランチャイジー募集の雑誌を読むとは考えにくく、仮に目に触れる機会があったとしても、設立1年目の知名度ゼロのベレーロに応募が集まるとも思えません。第一、広告費もかけられないのです。

そこで考え出したのが、最初は少人数でもいいので、成功事例を作ることでした。たった1人でも成功すれば、後に続くものが出てくるだろうと考えたのです。かつて野茂投手が単身大リーグに挑戦し、彼の成功が後に続く大勢の日本人大リーガーを生み出したのと同じです。私は心の中で「野茂作戦」と名づけました。

ベレーロの、このFCビジネスの計画では、商品代込みの加盟金を200万円程度に想定しました。しかし、知名度ゼロのベレーロに200万円を支払う人はなかなかいません。そこで、紹介された最初の1人は採算を度外視し、思い切って加盟金を20万円とハードルを大きく下げて加盟してもらいました。2人目以降、徐々に200万円に近づければいいと判断したのです。

その1人目が、翌月いきなり15万円の収入を得たのです。このことが口コミで広がり、少しずつ加盟される方が増え、その後、加盟金についても徐々に適正化していきました。

そして、加盟者が5名まで増え、加盟金を250万円に固定した段階で、リクルートの雑誌『ケイコとマナブ』が評判を聞きつけて取材に来ました。この記事の反響が大きく、加盟者が一気に増加。いったん勢いがつくと、波及効果はさらに大きく、ベレーロのＦＣビジネスは軌道に乗り出しました。

こうして、レンタル先のお客様はベレーロが開拓し、商品づくりと配達を加盟者が担う分業体制が確立し、事業は安定的に発展していきます。私自身は特に意識したわけではなく、必然的な結果として、日本では極めて珍しい製販分離のＦＣビジネスが誕生しました。

ところが、その後、営業に力を入れているにもかかわらず、新規契約が減少する低迷期に陥りました。

営業のリーダーに確認すると、「モニター営業日だが、お客様に呼ばれたので行けなかった」「この地域はほとんど回ったので、モニター営業に行く先はもうありません」など、もっともな報告が返ってくるので、その言葉を信じていました。しかし、事態は一向に改善されません。やり方がどこか大きく間違っているのではないか。私は、徐々に疑念を抱くようになりました。

それまで私は、営業は努力と誠意とテクニックで乗り切るものだと考えていました。しかし、それが間違っているような気がしてきたのです。今なら、それが間違いだと断定できます。営業とは「確率」と「実行」に尽きます。

1ヵ月の契約目標が20件だとします。そして、経験上、モニターになってくれたお客様は、4件に1件の確率で契約してくれることがわかっていたとします。そうであれば、1ヵ月にモニターを80獲得すれば、目標の20件が達成できる計算になります。さらに1件のモニターを獲得するために、確率的に25件の訪問が必要だったとしましょう。80件のモニターを獲得するには、2000件の訪問が必要になります。

つまり、月に2000件、週にして500件、週5日営業するならば、1日100件の訪問を確実に実行することで、確率的に1ヵ月20件の契約目標が達成できるのです。

むろんこの確率が絶対に正しいとは限りません。そのため、実行した後に検証し、誤っていたなら計画を見直す必要があります。いわゆるPDCAのサイクルです。また、営業社員の努力と誠意とテクニックによって、確率はさらに向上するはずです。そういった改善活動もとても大切です。

しかし、基本は営業目標を設定して、そこから合理的な営業計画を立案し、後は計画どおり実行することです。

私は、無計画な営業計画と営業エリアの拡大が新規契約減少の原因であることに気づき、営業活動の思い切った方向転換を図りました。すでに事業体制が整っていたからでしょう。業績が一転、上向き始めるのに、それほど時間はかかりませんでした。

松井会長が清掃市場の中に見出した可能性

ようやくベレーロが軌道に乗り始めたかと思った途端、今度は突然、ダイキチのカバーオール事業部の立て直しのために、同事業部の営業部長に抜擢されました。１９９９年６月のことです。造花レンタル事業を立ち上げ、ベレーロとして分社独立するまでに成長させた実績を買われたようです。前述したように、カバーオール事業はビルやオフィス清掃のＦＣビジネスですが、その事業が深刻な事態に陥っていたのです。

立て直しの話をする前に、ダイキチがなぜ、カバーオール事業を始めたのか、その出発点に戻りましょう。時代は私がダイキチに入社する少し前、今から30年近く前に遡ります。

その頃、ダイキチは大阪府貝塚市の工業団地に、レンタルマットの洗濯工場を新設しました。南海本線の貝塚駅から歩くと約30分を要し、交通機関はわずかな本数のバスが通るだけの不便な場所でした。この新工場の共用部分の清掃を、松井会長は地元のビルメンテナンス会社に週3回委託しました。清掃箇所は1階の玄関周りとトイレ、2階のトイレぐらいで、2、3時間で済む作業量です。

しばらくして松井会長はあることに気づいたそうです。なぜか清掃員が頻繁に変わるのです。あげくにビルメンテナンス会社は「申し訳ないが、委託契約を解除してくれないか」と申し入れてきました。人が集まらないというのです。

「そうか、不便な場所で、しかも週3回で2時間程度の清掃業務は、それほど不人気なのか」

松井会長は、これは大きなビジネスチャンスかもしれないと思いつつ、しばらく頭の中で構想を温めていたそうです。

実際に行動を起こしたのは、それから5年ほど経った頃です。松井会長は、本格的にビルの清掃ビジネスに参入するために、米国の大手ビルメンテナンス会社を訪問することにしました。仲介してくれたのが、レンタルマットの輸入会社を経営していたスコット・ムーア氏でした。松井会長とは個人的にも親しい間柄で、今では私の親友でもあります。スコットはビルメンテナンス会社を2社紹介してくれました。そのうちの1社が、カバーオール社でした。

同社のビジネスは、本部が営業活動を行って清掃業務を受注し、それをチェーンに加盟している事業者が請け負うという、製販分離のシステムでした。ダイキチではそれまで、レンタルマットの配達に代理店制度を敷いており、この既存事業との親和性も良いことから有望なビジネスになり得ると判断したのです。

カバーオール事業の立て直し役に抜擢

「不便な場所で、週1～2回、あるいは1回につき1、2時間の小規模な清掃業務を集めて、加盟店に車で回ってもらうようにすれば、きっとたくさんの需要を掘り起こせるだろう。しかも、既存のビルメンテナンス会社にはニッチすぎて、真似できないはずだ」

松井会長はそう考えて、カバーオール社と交渉を重ね、同社のライセンスを取得。1997年6月、事業を開始したのでした。それをヒントに、ベレーロの事業に製販分離のFCシステムを導入したのは、前述のとおりです。

こうして始めたカバーオール事業ですが、1年も経たないうちに、加盟店発掘と顧客発掘のアンバランスという問題に直面しました。

加盟店を募り50以上集めたものの、本部であるカバーオール事業部の営業が機能せず、思うように仕事が取れなかったのです。加盟金を払ったのにいっこうに仕事が回ってこない加盟店オーナーたちから、厳しいクレームが寄せられていました。このままでは、契約違反どころか、詐欺といわれかねない状況でした。

この状況を打開するために、私に白羽の矢が立ったというわけです。

カバーオール事業部に就任した初日の朝礼で、早くも原因はわかりました。営業社員全員が、やる気も自信もないまま放置されていたのです。

朝礼では、営業社員がそれぞれ前日の報告をすることになっていましたが、全員が口を揃えて「訪問件数１００件、見込み客ゼロ、契約なし」と繰り返すのです。うそに決まっています。明らかにサボっています。覇気もまったくなく、事業部のムードは最悪でした。私にいわせれば、「心のコップが下を向いている」のです。いくら水を注いでもたまりません。

昔の私なら激高していたかもしれませんが、そこはベレーロで経験済み。このまま営業に行かせても何も変わらないと考えた私は、「確率」と「実行」の基本に立ち返り、午前中は全員に社内で見込み客発掘のテレアポ、つまり電話でアプローチし面談のアポイントをとる活動に専念させることにしました。少なからず抵抗もありましたが、私が前にいるので、サボることもできません。だらけてくると、「コラァ、立ってしろ！」と怒鳴り、直立不動で電話をかけさせました。

そんな強制的な方法でも、電話を入れ続けると、不思議なことに徐々にアポイントが取れるようになります。そして、少しでも成果が出ると、心のコップは上を向き始めます。怒鳴るだけでなく、仕事が済めば、皆を連れて飲みに繰り出しました。最初は仕方なく付いてきたのだと思います。勤務中は鬼軍曹でも、飲む席で怒鳴るような野暮なことはしません。気心が知れてくると、部下の1人が私にこぼしました。

「部長だからうまくいくんですよ。部長は営業が上手だから」

たしかに我ながら営業向きだと思います。その上に経験も積んでいます。彼の一言で、同じことを彼らに求めても、真の解決にはならないと思い至りました。

それ以来、私は「確率」と「実行」をさらに一歩進めて、どんなメンバーの集まりであってもうまく営業が機能するよう、営業活動のシステム化に取り組み、そのシステムが効率的に回るよう、科学的営業管理を取り入れていきました。これが奏功して、深刻な事態に陥っていたカバーオール事業を蘇らせることになります。

増収増益でも喜べない

営業活動のシステム化に取り組んだ結果、窮地を脱したカバーオール事業は、その後、順調に売上と利益を伸ばしていきます。私が営業部長に就いてからちょうど3年後の2002年6月には、ダイキチカバーオール株式会社として分社・独立し、私は同社の代表取締役に就任しました。

その頃には、加盟店に安定的に仕事を提供できるようになり、そのオーナーさんともできる限り密にコミュニケーションを図るよう努めてきたことで、大きなクレームは減っていました。事業はなんとか上手く回り出し、現在に至るまで毎年増収増益を続けています。

業績拡大を持続できたのは、私が売上と利益をがむしゃらに追求した結果でもありました。その一方で相変わらず人の問題を抱えていました。何が不満なのか、社員の退職が続くのです。かつて全員が揃って辞めていったような、それほどの事態には至らないものの、なかなか定着しません。加盟店との間でも、前述したとおり、激しいクレームこそ影を潜めたものの、相手によってはギクシャクした関係が生じたり続いたりしていました。

そのような状態を生んでいる要因について、当時は気がつきませんでしたが、今、振り返ると、当然の結果であることがわかります。一言でいえば、私が売上と利益の追求を唯一絶対の目標にしていたらからです。

極端にいうと、当時の私は、契約さえ取れれば加盟金が入ってくるので、それで良いと考えていました。トップの私がそういう考えなので、社内も数字さえ上げればいいという雰囲気が蔓延していたのでしょう。契約前の説明が多少ルーズになっても、社員は契約を取ることを急ぎました。加盟してもらうことが相手にとって本当に望ましいかどうかは、二の次になっていました。

これまで述べて来たように、社員や加盟店オーナーとの関係に苦労した経験から、その後ずっと口では「コミュニケーションが大切だ」といってきました。また、実際に交流のためのイベントも開催していました。

しかし、私が心の中で最も優先していたのは売上と利益（増収増益）でした。社員のことや加盟店のことを、今ほど真摯には考えていませんでした。これでは本当の信頼関係は生まれません。結果的に、社内のムードはどこかすさんだ感じで、本部と加盟店の気持ちもすれ違っていた気がします。

そんな状態でありながら、当時の私は、どこに真の問題があるのかがよくわかっていませんでした。ただ、業績目標を絶対視して取り組んできたはずなのに、増収増益を手放しでは喜べない――なんとなくどんよりとした気持ちが続きました。会社経営とはこんなもんだろうという思いと、こんな気分で会社経営を続けなければならないのかという思いの間で、揺れ動いていたように思います。

松井会長はそんな私の動揺を見抜いたのでしょう。ある日、社外に勉強に行ってきてはどうかと、京セラの稲盛和夫名誉会長が主宰する盛和塾への入塾を勧めてくれたのです。ダイキチカバーオールが事業規模も組織も大きくなり、社長である私の我流で通すのではなく、会社経営についてきちんと学ばなければならない時期にきていたのだとも思います。

盛和塾で受けた衝撃、投げかけられた抽象的な問い

松井会長に勧められ、電話番号を調べて盛和塾に電話をかけたところ、真っ先に「紹介者は誰ですか?」と問われました。入塾には紹介者が必要なことも知りませんでした。

それでも親切に一度、見学に来てはどうかと勧められ、直近で開かれる経営委員会に体験入塾させていただきました。

そこで、生涯で一番といっていいほどの大きな衝撃を受けます。

経営委員会では、盛和塾〈大阪〉の代表世話人が、社員に対する理念教育だとか、会社の存在意義だとか、利他の心だとか、普段考えたこともない抽象的な話を滔々と語られました。それまでの私は、経営における理念の重要性など、まったく考えたこともありませんでした。ましてや、「会社の存在意義」や「利他の心」などといわれても、何のことかさっぱり分かりませんでした。

特に、代表世話人の方が発した次の言葉に、私はとても驚かされました。

「マネージャーの育成など簡単だ。主体性と良心を身につけさせること、そのためには盛和塾での学びを真剣に伝えればいい」

私が長年、悩んできた人材育成について、この一言で片付けられたのです。

ここにはこれまでの自分の人生になかった大切なものがきっとあるはずだ。

今はまだ何かはわからないけれど、絶対にここで学びたい。

そう感じた私は迷うことなく入塾を決意。２００９年のクリスマスの日、正式に盛和塾に入塾しました。

大きな衝撃を受けて入塾した私でしたが、次に直面したのは、悶々とした深い悩みでした。入塾から少し経った頃、経営委員会で経営体験発表をすることになった私は、その場で先輩塾生の方々から予想もしない質問と厳しい批判を浴びせられました。言葉の袋叩きにあったように感じたものです。

発表の後の質疑応答は、「小田さんは、何のために仕事をしているのですか？」という質問から始まりました。

「えっ？…？…？…」

私にとっては、クエスチョンマークが３つもつくほどの意表をつく質問です。仕事をするのは稼ぐため、会社を経営するのは儲けるため。当時の私には、そうとしか思えませんでした。あまりに当たり前の質問に言葉を失いました。真顔でそう質問されて、とっさに何と答えていいかわからず戸惑ってしまいました。

続いて、「小田さんにとって、清掃事業とは何ですか?」「社員や加盟店は本当に心から喜んで働いていますか?」「経営理念は何ですか?」など、雲をつかむような根源的な質問を矢継ぎ早にされたのでした。

当時、経営理念だけはつくっていたので、「夢を持とう、夢を形にしよう、夢に日付を入れよう」という理念を、胸を張って発表したのですが、「それは小田さんの願望を言葉にしただけのものですね」と一蹴されました。あとは、その場を取り繕うためにいろいろと弁解じみた受け答えをしたように思います。結局、まったくかみ合わないままに、質疑応答は終わってしまいました。

ホテルに戻り、先輩方から受けた数々の質問についてどう捉え、どう答えを出せばよいのだろうかと、私は一人悶々と悩みました。まったく答えも見えず、途方に暮れたまま、ほとんど一睡もできずに朝を迎えました。

彼らが、決して新人へのしごきなどではなく、どれも本質的で極めて重要なテーマであるとの考えから、あのような問いを私に投げかけていたことは、肌で感じ取っていました。ただひとつ明確に自覚したのは、売上と利益のみを追いかけてきたこれまでの自分のやり方はまともな経営だとは到底いえず、企業や事業に責任を負う者としてほかにも追求すべきことがある、ということでした。

しかし何をどうすればいいのか、私にはまったく見当がつきませんでした。それでも、ここから逃げてはいけない。いくら時間がかかろうとも答えを見つけ出さなければならない。私に突きつけられた課題だのだ。私はそう腹をくくりました。

このときから現在に至るまで、私は悩み続けています。未だ完全な答えにたどり着いたわけではありません。しかし、悩みながらも自社の経営理念や社会的な存在意義を模索する中で、「利他の心」の重要性に気づき、以後、それをベースにダイキチカバーオールのＦＣモデルの独自性を築いていったのです。

盛和塾の入塾前から営業の仕組みがうまく回り出し、増収増益の道を歩み出していました。しかし、それだけでは十分ではなかったのです。盛和塾に入塾して学ぶことで、仕組みに魂を入れる作業が始まったのでした。

加盟店オーナーの声②

本部の手厚い支援が大きな力に

株式会社アトロン　代表取締役　久米康裕（くめ・やすひろ）さん
〔56歳男性、加盟歴1年4カ月、南大阪地区本部〕

兄弟で力を合わせて清掃事業を立上げ

１９９３年に父が設立した株式会社日本アトロン（大阪市西区新町）という企業を引き継いで経営しています。当社は、飲食店に対して食器を中心とした備品類を販売・供給する事業を営んでいます。近年同事業が伸び悩み、新しい展開を模索する中で、２０１８年2月にカバーオール本部と契約し、清掃事業を始め、約1年が経過したところです（本稿執筆時点）。

カバーオールについては、同社の広告を手がけている企業の経営者が、たまたま私の学生時代の同級生で経営者仲間でもあったという縁で紹介されて知りました。

世の中のＦＣビジネスでは、本部と加盟店の間でトラブルになるケースがしばしばあります。彼は、長年にわたりカバーオールの広告を扱う中で、仕事柄、そのシステムやその実態、成長性などについて、知りうる立場にあり、カバーオール事業はそうした問題とは無縁で、身近な親友に紹介しても間違いない。そのように思い、既存事業の閉塞感を打破したいと考えていた私に、「検討してみてはどうか」と助言してくれたのです。

一番の収穫は、一時は家業を離れていた弟が、私以上にこの話に強い関心を示し、加盟を機に再

■ どのような方法で本書をお知りになりましたか。

1　広告を見て　　2　書店で現物を見て　　3　人に勧められて

4　インターネットで検索　　5　その他〔　　　　〕

■ 本書の購入動機をお聞かせください。

■ 本書についての感想や意見をお聞かせください。

■ 最も関心のある企業、人物、事象をお聞かせください。

お名前　　　　年齢　　歳

ご住所 〒

電話　（　　）　　FAX　（　　）

E-mail

職業　会社員（　　業界）、公務員、教員、自営業、主婦、学生、その他（　　）

送信先　**FAX 03-3239-2565**　出版文化社

読者アンケート

抽選で10名様に図書カードNEXT（1000円分）を進呈

弊社書籍をお買い上げいただきまことにありがとうございます。

本書の感想や意見などをお寄せください。ご記入いただいた方の中から抽選で 10 名様に図書カード NEXT（1000 円分）を進呈します（締切は毎年 12 月末日）。

ウェブサイトまたは QR コードからもアンケート送信ができます。

http://www.shuppanbunka.com/q/

なお、本アンケートは今後の出版活動の参考にさせていただきます。

■ 購入された書籍名〔　　　　〕

■ 購入された書店名〔　　　　〕

■ 購入日〔　　年　　月　　日頃〕

■ 定期購読されている新聞・雑誌〔　　　　〕

び一緒に働けるようになったことです。食器の事業と掛け持つ私は、住之江区や南港など大阪市南部の案件、弟は自らが住む堺市の物件といった具合に、大和川の南北に分かれてそれぞれ仕事を分担しながら進めています。

担当スーパーバイザーの献身的支援

既存事業とのシナジー効果も少しずつ生まれています。食器で取引のある飲食店のお客様からダクト部分の清掃をしてくれないかと打診を受けたのです。家庭の換気扇などと違い、飲食店におけるこの種の汚れは半端ではありません。

通常行っている日常清掃はもちろん、定期清掃やスポット清掃でも手がけた経験がなかったため、担当スーパーバイザー（ＳＶ）の方に相談したところ、お客様のところに同行した上で、どのような道具や薬剤、作業が必要かを調査し、見積の作成も支援してくれました。

それだけでありません。夏の暑い盛りの清掃当日も、汗と油汚れにまみれながら、不慣れな私に付き合って、丸一日一緒に作業をしてくれたのです。本部が紹介してくれた案件でもないのに、ここまでやってくれるなんてと、このときは本当に感動しました。

ＳＶの方の人柄に負う部分が大きかったのだと思いますが、そのような機会を通じて本部との信頼関係はますます強固なものになりました。先輩パイオニアさんもしかりです。ワックス清掃の現場に誘っていただいたり、色々な方を紹介していただいたりと、自分のためではなく、入ったばかりの我々のために良かれと思って動いてくれるのです。

与えられれば、こちらも自分の力の及ぶ範囲で返したり応えたりしたくなる――そんな気持ちの良い雰囲気がカバーオールのネットワークには溢れていると思います。

第3章　加盟店の「イキイキ」にこだわるFC

悩んで行き着いた定義は「イキイキさせ屋」

経営体験発表でこてんぱんにやられた私は悶々と悩みながらも、答えを見つけるしかないと腹をくくりました。一気に霧が晴れるような妙案はありませんん。時間がかかろうが、とにかく難問を一つずつクリアしていくだけです。

そのときに、拠り所となったものは、盛和塾の「経営の原点12ヵ条」です。私は悩みを脱するために、これを愚直に一つずつ実践していこうと心に誓いました。

「経営の原点12ヵ条」とは、稲盛和夫氏が京セラやKDDI、日本航空の経営にかかわる中で、会社経営を成功に導く実践項目を12ヵ条にまとめたものです。すべて稲盛氏のオリジナルですが、ダイキチカバーオールのFCモデルは、これに学んで再スタートしていますので、紹介しておきましょう。

経営の原点12ヵ条

1　事業の目的、意義を明確にする
公明正大で大義名分のある高い目的を立てる。

2　具体的な目標を立てる
立てた目標は常に社員と共有する。

3　強烈な願望を心に抱く
潜在意識に透徹するほどの強く持続した願望を持つこと。

4　誰にも負けない努力をする
地味な仕事を一歩一歩堅実に、弛まぬ努力を続ける。

5　売上を最大限に伸ばし、経費を最小限に抑える
入るを量って、出ずるを制する。利益を追うのではない。利益は後からついてくる。

6　値決めは経営
値決めはトップの仕事。お客様も喜び、自分も儲かるポイントは一点である。

7　経営は強い意志で決まる
経営には岩をもうがつ強い意志が必要。

8　燃える闘魂
経営にはいかなる格闘技にもまさる激しい闘争心が必要。

9　勇気をもって事に当たる
卑怯な振る舞いがあってはならない。

10　常に創造的な仕事をする
今日よりは明日、明日よりは明後日と、常に改良改善を絶え間なく続ける。創意工夫を重ねる。

11　思いやりの心で誠実に
商いには相手がある。相手を含めて、ハッピーであること。皆が喜ぶこと。

12　常に明るく前向きに、夢と希望を抱いて素直な心で

早速、私は経営理念の作成からとりかかりました。社員の中からマネージャー数名を

主担当に選び、彼らを中心にして、私が日頃、朝礼や会議の場、あるいはブログの中で語っている考え方や言葉を抜粋・整理した上で、何度も練り直して、ダイキチカバーオールの「経営理念」（目的）、「ＰＡＳＳＩＯＮ」（目標）、「カバーオールＤＮＡ」（フィロソフィー）を完成させました。

「経営理念」も「カバーオールＤＮＡ」も、そこから見直しを図り、現在はさらに進化したものになっていますので、当時のものをここには掲載しませんが……完成度は高くなかったものの、決してどこかからの借り物でも口先だけのものでもなく、我々が日頃大切にしてきた考え方や姿勢を、社員と一緒になって検討し作り上げたものでした。この取組みが、ダイキチカバーオールのＦＣモデルに魂を入れる第一歩となったのは確かです。

続いて２０１０年6月には、「ダイキチカバーオールはそもそも何の会社だろうか？」という命題に取り組むことにしました。もちろん、清掃業務を請け負うＦＣビジネスを展開している会社であることはいうまでもありません。「このビジネスを通して、世の中に何を提供しているのか？」「私たちは何のために働いているのか？」という本質にまで迫ろうと考えたのです。

このときは、社員を巻き込み泊まり込みの合宿をしました。合宿に参加した社員を複数のグループに分け、各グループでダイキチカバーオールは何屋なのか、夜を徹して侃々諤々議論しました。

導き出された答えが、ダイキチカバーオールは「イキイキさせ屋」であるという定義です。社員全員がイキイキと働き、加盟店の方々は清掃業務にイキイキと取り組み、その結果、お客様にイキイキと過ごせる環境を提供する。ひいてはかかわるすべての人をイキイキとさせ、日本全体をイキイキとさせていくというものです。

泊まり込み合宿まで行った甲斐あって、手前味噌ではありますが、私の想像を超えるコンセプトが生まれました。それ以降、判断に迷うような局面で、必ず立ち戻る「経営の拠り所」となりました。

FCビジネスにおける本部・加盟店間の利益相反

「イキイキさせ屋」という定義を導き出した直後、私は大勢の塾生を前にして、あらためて経営体験発表を行う場をいただきました。2010年10月のことです。会場は大阪商工会議所でした。前回の発表からそれまでの間に、経営理念やフィロソフィーを制定。「イキイキさせ屋」という定義で、自社の社会的な存在意義も明確にしています。

私は意気揚々と二度目の発表に臨みました。ところが、予想に反して、このときもあらゆる角度から厳しい指摘をいただくことになったのです。

とくに強烈だったのは、私の発表がまだ「営業効率」に重きを置いており、自社の事業や仕事が本質的に何であるのかが掘り下げられていないという指摘でした。私自身は自己変革したつもりだったのですが、長年、売上や利益を伸ばすために、営業活動に猛進していた頃の考え方が抜け切っていなかったのでしょう。

社員も加盟店オーナーも、自分たちの仕事の本質がわからなければ、本当の働きがいや喜びが湧いてくるはずがないといわれました。そして、次のような究極の問いが投げかけられました。

「小田さんにとって、お掃除とはいったい何ですか？」

さらに、「FCビジネスには限界があるのではないか」という指摘もいただきました。いくら関係者全員をイキイキさせるといっても、FC本部と加盟店は、お金を受け取る側と支払う側。そこには歴然とした利害の対立があります。だから、同じ方向に向かって、一緒に仕事の本質を極めるなど、本来ありえないのではないか。それができなければ、心の底からともにイキイキとするのは無理ではないか。そのような問題提起だったように思います。

FC本部と加盟店はWin‐Winの関係だと、一般的にはよくいわれます。ダイキチカバーオールの現在の経営目標でも謳っています。しかし現実的には、両者の利害が対立する場面はしょっちゅうあります。利害対立が避けられないなら、お金を払っていただいている以上、いっそ顧客として対応すべきなのではないか。しかしそうなると、仕事の本質を一緒に追求することなど夢物語であり、そこにFCビジネスの限界があるのではないか――。そのような主旨からの指摘であったと思います。

どう考えるのが正しいのでしょうか？

簡単には答えが出ません。

もっとも、ダイキチカバーオールは、そのときすでに年商19億9000万円の会社に成長していました。たとえ概念上FCビジネスに限界や矛盾があったとしても、現実的にはそれを乗り超えるという選択肢しかありません。私は、四六時中、次のような自問自答を繰り返すことになりました。

「加盟店オーナーは顧客だろうか、それとも同志だろうか？」

加盟店は顧客ではなく同志である

「小田さんにとって、お掃除とはいったい何ですか？」

実は、自信を持って答えられる明確な定義は、本書を執筆している現在も見つかっていません。今も、模索を続けている最中です。しかし、悩み苦しみ、試行錯誤を繰り返すことも重要だと考えていますので、それについては第4章で述べたいと思います。

「加盟店オーナーは顧客だろうか、それとも同志だろうか?」という問については、事業を推進する上で、加盟店との向き合い方なり本部方針を直接左右するテーマです。自分の中で答えを出したい（出すべきだ）と考え、頭の中でさまざまなシミュレーションを繰り返してはみたものの、なかなか結論にたどり着くことはありませんでした。

２０１０年10月の二度目の経営体験発表の後、私は米国に研修に行くことになりました。ちょうどいい機会なので、本家であるカバーオール社の関係者に手当たり次第に、「オーナーさんは顧客なのか、同志なのか?」と聞いて回りました。それが面白いことに、聞く相手によって顧客だという人もあり、同志だという人もあり。本家もはっきりしないのです。それだけ悩ましい課題だということだけはわかりました。

帰国してからも悩み続けた結果、いったんは、やはり顧客として捉えるべきとの結論を出しました。お金をいただいている以上、そう考えるのが自然です。ただし、普通のお客様ではありません。たとえていうなら、会員制レストランのお客様のようなものだと位置づけました。

会員制レストランのお客様は、ファミリーレストランや大衆食堂と違い、レストラン側がお客様を選ぶことができます。審査を経て、店のコンセプトにあった人だけを会員として認めるのです。方針からは外れるような行為があれば、ネクタイを着用してください、スリッパはおやめくださいなどと、必要に応じて指導することも許されます。

ダイキチカバーオールの加盟店オーナーの位置づけも、会員制レストランのお客様とよく似ていると考えました。加盟に際しては、FC本部の審査があります。加盟後も、いくら素晴らしい実績をあげても、ダイキチカバーオールの名を汚すようなことは許されません。

このときは、我ながらうまい説明だと悦に入ったものですが、早々にこの考え方は適切ではないと感じました。論理的につじつまを合わせただけで、私も当社の社員もどこか違和感があり、どこか腑に落ちないのです。

個々の加盟店、またそれらが集合した加盟店ネットワークは、いうまでもなく当社にとって核となる経営基盤であり、最重要な経営資源です。重要な存在であり、ロイヤリティという形で金銭の授受が発生することから、最初は「顧客」と位置づけようとしたわけです。しかしこの事業の成否は、本部と加盟店がときには厳しいやりとりをし、また時には助け合いながら、「ダイキチカバーオール」ブランドとして、外部のお客様に対して質の高い清掃サービスを提供しようという「イキイキとした一体感」を醸成できるかどうかにかかっています。

加盟店はまぎれもなく同志です。家族といってもいいでしょう。

はっきりとこう決めてから、社員の顔から迷いが消えました。自信をもって業務に臨み、加盟店に接することができるようになったように思います。このときから今に至るまで、「加盟店は同志である」という認識に一切のブレはありません。

加盟店と理念を共有するための行動指針

私は、加盟店を同志だと位置づけるためには、利害関係を凌駕する大きな志や目標、ひいては理念を共有することが必要だと考えました。

問題は、どのような方法で進めるかです。

加盟店オーナーと彼らの下で働く社員は、ダイキチカバーオールの社員ではありません。とはいえ、何千人もの大集団です。限られた人数の自社の社員であれば、普段から顔を合わせ、頻繁にコミュニケーションをとることができます。お互いの性格や生活環境もおおよそわかっています。時間をかけて教育することもできます。それでも理念を共有するのは簡単ではありません。

ましてや、日頃の接点が少ない何千人もの大集団と理念共有ができるのでしょうか。非常に難しい課題のように思われましたが、問題意識をもって世の中を見渡すと答えは見つかるものです。すでに成功している会社があったのです。それは東京ディズニーランドを運営するオリエンタルランドです。

東京ディズニーランドではキャスト（役者）と呼ばれるアルバイトスタッフが常時、

約2万人いると聞きます。何千人という単位どころではありません。訪れたことのある人はご存知だと思いますが、ゲスト（訪れるお客様）を迎えるキャストのホスピタリティーや接客マナーは最高級です。しかも、どのキャストもレベルは一定です。理念教育が徹底していなければ、できることではありません。

2万人ものキャストたちの理念教育をどのようにしているかを調べたところ、その秘密がわかりました。4つの行動規準を設定し、遵守を徹底していたのです。

Safety（安全）、Courtesy（礼儀正しさ）、Show（ショー）、Efficiency（効率）が、オリエンタルランドのたった4つの行動規準です。優先すべき順にその頭文字を並べて「SCSE」と総称しているのです。キャストは「SCSE」の優先順位を守り、行動することによって、ゲストにハピネス（幸福感）を提供しているのです。

私は「これだ！」と思いました。

大人数に理念を浸透させるには、「何をすればいいか」をシンプルに伝えるのが最も効果的です。ワードの背景にある意味合いをレクチャーする必要もあるでしょうが、提示する形はシンプルでなければ、なかなか伝わりません。

早速、ダイキチカバーオールでも、加盟店オーナーに提案するため行動指針を社員とともに考えました。そして、２０１１年12月に完成したのが、次の４つの行動指針です。

カバーオール行動指針

安全性

お客様・従業員・自身の安全性を最重要・最優先で確保する。

安全は全ての人を幸福にする。

礼儀正しく

礼儀を守れない程に忙しい仕事はない。

気持ち良く挨拶・丁寧な言葉・身だしなみは人を気持ちよくする。

コミュニケーション（報告・連絡・対話）

お客様から名前で呼ばれる人は信頼が厚い。
名前で呼んで頂くには、細かな事でも報告し、連絡し、対話を欠かさない。

責任

責任とは引き受けた仕事を全うする。
約束を守ることだ。

加盟店には、4つの行動指針を掲載した「カバーオール道」という手帳を配布しています。その手帳には行動指針について詳しい解説も載せていますが、まずはシンプルに4つの行動指針の遵守を徹底してもらっています。

生きがい提供業であるために必要な「利他の心」

加盟店を同志だと位置づけ、理念の共有をめざして4つの行動指針を制定してから、両者の間で生じる多様な課題に、私も社員も自信を持って首尾一貫した対応ができるようになりました。

私自身が経験した象徴的な話をいたしましょう。

約900名の加盟店オーナーの加盟目的は十人十色です。会社を大きく成長させたいと事業意欲に燃える人がいる一方で、夫婦二人がゆとりをもって生活するだけの収入があればいいと考えの人もいます。中には、人生を大きく変えたいと決意して加盟する人もいます。

以前の私は、売上と利益の拡大に猛進していましたので、受注した仕事を加盟店オーナーの皆さんに目いっぱい請負ってほしいと思っていました。実際、事業意欲の高いオーナーは人を積極的に採用し、請負件数をどんどん増やしていきました。それによってダイキチカバーオールの売上・利益も一層増加します。ありがたいことです。

その一方で「今の仕事量で十分。満足に生活できているので、仕事を増やしたくない」というオーナーも少なくないのです。これ以上、儲けるつもりはないという考えは、当時の私には理解できませんでした。口ではそんなことといっているけど、本心はもっと稼ぎたいに違いないと疑ってもいました。もっとがんばってもらわなければ困るとの思いから、実際にそう伝えたこともありました。

しかし、話せば話すほど、さらなる儲けを求めていないという彼らの言葉が、掛け値なしの本音であることがわかりました。

今なら、当時の私が間違っていたと確信をもっていえます。

人生、人それぞれです。会社の発展を目標にがんばることでイキイキとする人もいれば、儲けるよりも余暇をイキイキと楽しむ人もいます。どちらに価値があるとか、正しいとか、比較するものではなく、それぞれに価値があり、正しい生き方です。だから、本当の「イキイキさせ屋」であるならば、以前の私の価値観、つまり売上と利益を追求するという生き方を押しつけるのではなく、加盟店オーナーの生き方を尊重しなければなりません。

自分の目先の利益（ダイキチカバーオールの利益）を求める前に、他人の利益（加盟店オーナー一人ひとりの生きがい）を優先させる。これこそが盛和塾の教える「利他の心」ではないかと、私なりに考え答えを出したのです。各人の生きがいを重視するならば、多様性を認めることは必然の成り行きです。

こうした経験と思索を踏まえて、本当のFCビジネスとは、利他の心に基づく生きがい提供業だという結論に至ったのです。

理念が明確ならば〝遊び〟があってもゆるがない

かつてこんな経験をしたことがあります。

ある日、60歳に届こうかという男性が、加盟店募集の説明会にやってきました。事情を聞けば、経営不振のために、20数年間ご商売をされていたお店を畳んだところだといいます。そして手持ちの資金100万円だけで、加盟を強く望まれたのでした。

100万円では、加盟していただくための頭金にも届きません。年齢的にも今から始めるには、厳しいものがあります。私はその方のためを思って、加盟が難しいことをはっきりと伝えました。

しかし、彼は何度も食い下がります。

「ここを断られると働くところがありません！　何とかお願いします」

いくら説得してもあきらめない彼を前に、私はどうしたものかと悩み困惑しながらも、ふと思いました。

「私は、何を迷っているのだろう？　これほど働く意欲を持ちながらも、なかなかその場所を見つけられない人たちを受け入れることこそ、ダイキチカバーオールの使命ではないのだろうか」

たしかに100万円の頭金で加盟を認めるのは、自ら作ったルール……それも採算性から厳密に導き出したルールを破ることになります。しかし、社会的使命をないがしろにしてまで守らなければならないルールなど、意味があるでしょうか。

胸に手を当てて「利他の心」に則った行動はどうあるべきかを考え、例外措置として彼を迎え入れることを決めました。加盟後、彼は奥様と二人でこの事業に懸命に取り組みました。その後、娘夫婦も加わり、月商が169万円に達するなど大いに活躍しています。

加盟店オーナーの多様性を認めたり、例外措置をとって加盟を認めたり、ダイキチカバーオールのFCは、ずいぶん裁量の幅の大きなモデルだと思われるかもしれません。一般的に従来のFCは、緻密な契約書やマニュアル、徹底したシステムなどで成り立つビジネスです。裁量の余地を認めると、不公平が生じたり、事業の安定性を損なったり、トラブルが生じる恐れがあります。捉え方を変えれば、マニュアルやシステムに依存した、主体性に欠けるビジネスだというい方もできるでしょう。

ここでいう「主体性」は少しわかりにくいかもしれません。経営者・責任者として事業を進める上での信念や軸足の置き方、その時々の状況に応じたビジネスマン、または人としての在り方や道理といったものでしょうか。

そういった事柄について揺るぎないものをもっていさえすれば、多少マニュアルやシステムでカバーできない領域が残っていても、的確な判断ができるはずである。私はそう考えています。

ダイキチカバーオールのFCビジネスも、もちろんマニュアルをはじめさまざまな仕組みを整備しています。しかし、仕組みに収まりきらない裁量の余地を残し、それを利他の心で埋めています。利他の心をもってすれば、盛和塾の経営体験発表で問題提起されたFCビジネスの限界は超えられるはずだ。それが私の結論でした。

ちなみに100万円での加盟を認めた前述の一件に合わせ、その後当社では、30万円で開業できるプランを作成しました。同様な事情をお持ちの他の方も起業できる道を拓いたわけです。

むろん負けて差し上げた（ディスカウントした）わけではありません。値引きのようなことをすれば、過去に加盟されたオーナーとの間で不公平になってしまいます。加盟金等のシステムはそのままで、それがどうしても調達できない人のために、当社自身が資金を融通して、毎月の収入の中から少しずつ返済いただくような制度を設けたのです。

本来であれば、こういった開業資金については、自己資金で用意するのが難しい場合、金融機関で借り入れるのが次善の策だと思います。しかし事業の実績も担保もない人が融資を受けるのは決して容易ではありません。よって我々自身がファイナンスの部分も手がけることにしたのです。

当社で都合する場合、金融機関で借りるよりも高い金利を設定しています。それは当社が利益を上げるためでも、貸倒れのリスクを考慮しているからでもなく、この制度を利用されるオーナーに自覚を促すためです。

当社は集金業務を代行し、月々の返済金を相殺してお支払いする形を採ることから、「借りている」という実感がなくなってしまいがちです。これは決して良いことではありません。

本部と加盟店はパートナー関係でありながら、それぞれ独立した事業体・事業主として、必要な資金については、自らの信用力でもって、金融機関から調達していただくのが正道だと考えています。

ですから１年でも１日でも早く、カバーオール事業で実績をあげた上で、それをもって金融機関と交渉し、融資を受け、借り換えを行ってもらいたいと考えています。私は当社への完済について「卒業する」という言葉を使うのですが……当社のプランを利用されている加盟店オーナーさんに対しては「１日も早く卒業して下さいね」と常々申し上げています。

ともに学びともに楽しむ、素晴らしいコミュニティ

ダイキチカバーオールでは、私が盛和塾に入塾する前から、加盟店オーナーとコミュニケーションを図る機会や仕組みを作ってきました。その根底には、さらなる売上・利益のために、本部への協力を促す手段という側面があったわけですが。

そうした枠組みを構築してきたことで、それが、理念の浸透や加盟店オーナーとの信頼関係づくりなど、私が盛和塾で学んだことを実践する場として機能し成果をもたらすようになりました。従来から作ってあった仏に、魂が入ったといえばよいでしょうか。

おかげで、私たちFC本部と加盟店オーナーとの間には、他のFCには見られない、和気あいあいとした関係、そして、非常に強い信頼関係が築かれていると自負しています。実際にどのような方法で、オーナーの皆さんとコミュニケーションをとっているかを年間のスケジュールに沿って紹介しましょう。

毎年1月には、新たな決意のもとに、その年の目標を掲げる「方針発表会」を行います。加盟店オーナー全員を対象とする、当FCにおける最大の集まりです。ご夫婦で参加されるオーナーも多くいらっしゃいます。

ここではダイキチカバーオールの年間経営方針を発表するとともに、成功している加盟店オーナー4名に経営体験発表をしていただき、ベストプラクティスを共有します。会の後半では、優秀な加盟店の年間表彰やさまざまな余興を盛り込んだ懇親会を開いて、本部・加盟店間およびオーナー同士の交流を図っています。

5月から6月には、大阪、京都、名古屋など、それぞれの地区本部が主催するバーベキュー大会を開催しています。この場には、加盟店オーナーはもちろん、その家族も参加し、懇親を深めていただいています。

ダイキチカバーオールでは加盟店オーナーを「パイオニア」と呼びますが、10月には「パイオニア交流会」と称し、普段、顔を合わせないオーナーさんたちが集まり、地域を越えて交流します。

11月には「オーナー総会」が行われます。加盟店オーナーによる組織（オーナー会）の年次総会にあたり、本部に対する要望事項などが討議・決議されます。

この他、不定期ですが年に2回、オーナーの奥様を中心に開催している女子会をはじめ、ゴルフやツーリングなどの趣味の会も開催しています。

このように時期や目的に応じて、バラエティに富んだ会やイベントが設けられていま す。こうした場を通じて、真剣に学び、心から楽しみ、信頼をベースに本音で語り合えるコミュニティが形成されています。

どこまでも加盟店の声に耳を傾ける

前項で、FC運営に係る年間スケジュールについて述べる中で、オーナー総会について触れました。皆さんが本音で忌憚なく話し合えるよう、この会議には、私はもちろん、ダイキチカバーオールの社員は一切参加しません。加盟店オーナーの皆さんの自主的な運営に委ねています。

加盟店オーナーが集まり、本部への要求・要望を話し合い、それを受けとった本部が、結論はともかく、その内容を真摯な態度で検討し対応していく――このようなスキームを構築し、スケジュールに組み込んでいるようなFCはあまり例がないのではないでしょうか。

お客様からの声（クレーム）は、製品やサービスを改良するためのヒントが詰まった宝の山である――。このような話をされる経営者は大勢います。

加盟店の声であっても同じことです。実際にお客様の元に伺い清掃実務を担っているのは加盟店のオーナーや社員なのですから。オーナー総会で決定した件に限らず、さまざまな機会を捉えて、できる限り加盟店の声に耳を傾けるというのが当社の方針です。

実際にどのような要望が寄せられるか、いくつか事例を挙げたいと思います。

あるとき、「FC運営に係る制度やルールなどについて新設・変更される際の告知等について、もっと丁寧に分かりやすくして欲しい」「本部が受注してきた案件について、実際に清掃を担う加盟店に渡す際の引継情報をもっと充実させて欲しい」といったご指摘を受けました。これは、楽をしたいとか得をしたいといった類いの話ではなく、スムーズに仕事を進め、お客様に良いサービスを提供するための提案です。本当にありがたい指摘であり、すぐに善処しました。

それに引き換え、取り分や負担など金銭がからむ話の取扱いは、なかなか一筋縄ではいきません。たとえば、清掃先の会社が倒産するなど、代金を回収できなくなった場合、ダイキチカバーオールのＦＣ契約では、加盟店が負担することになっていました。仮に20万円の未収が発生した場合、当社にとっての20万円と加盟店にとっての20万円ではダメージの大きさが全く違います。

決められた形でお客様アンケートを実施して本部に提出していたかなど、確実にルールを遵守している中で発生したものについては、それ以降、本部がすべて負担するよう運用を改めました。

加盟金についても同様です。一般的なＦＣ契約では、一度納めた加盟金については理由の如何を問わず一切返却されないのが通例です。営業保証を行っているダイキチカバーオールでは、基本的に業績不振が理由で脱退する人はいませんが、中には病気や死亡によって廃業に至るケースがあります。その際も、未収金と同じような条件の下で、その一部を返金するように改めました。

「休みが欲しい」という要望が寄せられたこともありました。

従来から、冠婚葬祭など重要な用件のときは、加盟店オーナーに休んでいただけるよう、本部のメンバーが清掃を代行する制度を設けていましたが、それでは十分ではないというのです。

清掃頻度等は契約で決められており、自分の希望で自由に休みを設定・取得することができません。そのため、家族旅行に行けないばかりか、お子さんのお稽古事の発表会を見に行くこともできない、というご相談でした。

以前の私であれば、「事業主なんだからそれくらい我慢してもらわないと。冠婚葬祭については配慮しているんだから……」と考えたかもしれません。今は違います。イキイキするために必要ならばと、そういったご事情の場合にも本部が代行する仕組みを設けることにしました。

ダイキチカバーオールでは、毎年、特に素晴らしい実績をあげた5つの加盟店を表彰し、当社が法人契約している会員制リゾートホテルでリフレッシュしていただく特典を差し上げています。

しかもこれは「有給」扱いです。サラリーマンではない加盟店オーナーに対して「有給」というのも変ですが、報酬計算上はその間も担当先の清掃をちゃんと行ったものとカウントした上で休暇を満喫していただこうというものです。

しかし、残念なことに「せっかくの休みだから遠出するよりゆっくりしたい」「家族と旅行に行こうにも予定を合わせるのが難しい」などと、権利行使を辞退されることが少なくありません。そのため、近年はリゾート地での保養に加えて、お食事も選択できるようにしました。これは、家族でお望みの外食店に行って食事を楽しんでいただいた上で、後日領収書と引き換えに、その費用を当社がお支払いするというものです。こちらは、特典に加えて以来なかなか好評で、宿泊特典より利用率は高くなっています。

以上のように、できる限り加盟店さんの要望に耳を傾け、またその貢献に報いるような運営に力を注いでいます。

盛和塾を参考に未来塾をスタート

ＦＣ本部として、清掃技術を教えたり、さまざまな要望に応えたりするだけでなく、経営者としての学びの場を提供することにも取り組んでいます。それが、盛和塾をモデルに新たな試みとして２０１５年にスタートさせた「未来塾」（現在は「新未来塾」に改称）です。

これは従業員を雇用する加盟店オーナー、また今後の雇用をお考えのオーナーに限定した勉強会です。

比較的初期投資負担が軽いこともあり、多くが個人として加盟するダイキチカバーオールＦＣですが、成長意欲の旺盛な加盟店の中には、業績や規模を拡大し、法人化や従業員の雇用といった段階に進まれる例も少なくありません。そうすると加盟店オーナー自身の生きがいだけでなく、自らが雇用する従業員のイキイキも追求してもらう必要があります。本部としてもそれを支援しようと、経営者としての力量を磨く場として未来塾を立ち上げました。

毎年5月から翌年1月まで、毎月1回、当社にコンサルタントを招いて経営について学びながら、お互いに切磋琢磨していきます。講座の締めくくりとして、塾生は自社の中期経営計画を作成します。

中期経営計画が完成した2月頃には、会場を借りてその発表会を開催します。そこには当社社員が出席するのはもちろん、塾生が経営する会社の社員の皆さんにも、その発表を聞いてもらいます。また自主参加ではありますが、既存塾生に続いて、事業の拡大をめざしたいと考える加盟店オーナーも数多く参加されます。

それだけではありません。ダイキチカバーオールへの加盟を検討されている方もお招きします。我々本部の人間がセールストークを流暢に並べ立てるより、加盟店の方々が、いかにイキイキと実績をあげ、また魅力的な将来を展望されているか――その輝いている様子を見ていただくのに優るクロージングはありません。

私がさまざまなFC本部の様子を拝見していて気になるのは、加盟店同士が活発に交流したりコミュニケーションを図ったりすることに対して、必ずしも積極的ではない、もしくはできる限り回避したい――そんな姿勢が見え隠れすることです。

加盟店同士が刺激し合うことで、ともに成長していく方法・風土が育まれるとしたら、それは本部として間違いなく歓迎すべきでしょう。そういう意識が浸透していない現状をとても残念に思います。ダイキチカバーオールはそれとは対局に位置するといって良いでしょう。当社は、第1章で述べたような、本部・加盟店間の「情報の非対称性」は求めません。

公開できる情報はどんどんオープンにし、学べる場を積極的に提供することで、カバーオール事業の発展と、この事業にかかわる全ての人がイキイキできるように努めています。

加盟店オーナーの声③

焦ることなく一歩ずつ着実に

古川起馥（ふるかわ・きふく）さん
〔49歳男性、加盟歴4年弱、京都地区本部〕

地域金融の担い手から清掃の世界へ

学校を出てから約20年間、信用組合に勤務していました。人と接するのが好きで、お客様のためになる仕事をしたいという想いで地域金融の現場で働いてきました。しかし金融機関の破綻や合従連衡、検査体制や様々な規制の強化など、業界が様変わりする中、ルールや規則に縛られ、温かみのあるお付き合いやお取引が難しくなったことに居心地の悪さを感じ、外に活躍の場を求めたいと次第に考えるようになりました。

退職してから4年ほど、知り合いの会社を手伝ったり、学生時代の知人に誘われて事業を手がけたりした時期を経て、カバーオールの存在を知り、ここで頑張ってみようと加盟しました。

現在は、京都市内の伏見、南、中京、山科の計4区の物件の清掃を担当しています。加盟して1年目に心がけたのは、年齢は重ねていても、この仕事では全くの新人ですから、効率のことなど考えずに、とにかく与えられた仕事を一件ずつ丁寧にやっていこうということでした。

次の5年間で経営基盤の整備を

担当物件は徐々に増え、加盟して約1年後に目標の件数に到達し、2年目からは、先輩パイオニアにも助言をもらいながら、「清掃のプロ」をめざして取り組みました。

「任された仕事を丁寧に」という初心は今も変わらず持ち続けています。それでも、一人でこなしていると、比較対象があるわけではないので、「これで自分はちゃんとできているだろうか」などと自問自答することがあります。

週2回寄せていただくマンションに日常清掃に伺ったときのことです。その現場でしばしばきさくに話しかけてくださる入居者とは別の方――今まで一度も言葉を交わしたことのない方――が、私の元に歩み寄り、近々お引越で退去されるという話をしながら、「いつも綺麗にして下さってありがとう」という言葉とともにお菓子を手渡して下さったことがありました。

ある企業さんでも、それまで特に私の清掃業務に注意を払っているようには見えなかったある社員の方から「カバーオールさんに来ていただくようになってから社内が綺麗になったよ」と声を掛けていただきました。

このような言葉を掛けていただくと、日頃の苦労が報われたという想いがします。一方で、普段コミュニケーションを交わすことのない相手からも、自分の仕事ぶりはしっかり見られていることを認識しました。「ますますきちんと取り組まなくては」と衿を正す良いきっかけになりました。

これまでは、ひたすらがむしゃらに取り組んできましたが、開業資金の返済についても終わりが見えてきました。今までであれば、仮に背伸びして人を雇ったとしても、自分の清掃だけで手一杯で、管理・指導まで手が回らなかったでしょう。が、ようやく先の見通しを立てられるようになりつつあります。

これからの数年は、法人化して人を雇用するということを将来的な目標として、財政的、経営的な基盤づくりを進めていこうと考えています。

第4章　「イキイキ」を支える本部の人々と仕組み

オンリーワンモデルを支えるFC本部の営業活動

第3章では、ダイキチカバーオールの加盟店に対する考え方や、本部・加盟店間の関係づくり等についてご紹介してきました。第1章で述べた、ダイキチカバーオールFCをオンリーワンたらしめている3つの特長のうち、②および③の意義や詳細な内容について、ご理解いただけたのではないかと思います。

特長②
本部と加盟店が理念を共有し、利他の心をもって、Win-Winの関係を築いたFCモデルである。

特長③
加盟店の「利益」を追求するだけでなく、「生きがい」を提供するFCモデルである。

口でいうのは容易いものの、実行はとてつもなく難しい（理想的ではあるが現実的ではない）と思われる②と③の実現可能性を担保しているのが、特長①です。

特長①
加盟店が営業活動を一切しなくてよい「製販分離」のFCモデルである。

つまり、営業は本部がしっかりやってくれるから、仕事の確保について心配したり悩んだりする必要はない。自分たちは任された案件について、お客様に喜んでいただける質の高い清掃サービスを提供しさえすればよい。そのような安心感や本部に対する信頼がベースにあるということです。

第2章で、私がカバーオール事業の責任者に就く前には、営業保証をしているにもかかわらず、加盟店に紹介する仕事の受注が追いつかず、迷惑を掛けていたという話をしました。

加盟店が清掃実務に専念できる環境を整えるには、我々本部が確実に営業活動で成果をあげ続けることが前提になります。つまりこの前提が崩れてしまうと、３つの特長すべてが絵に描いた餅ということになってしまいます。そういう意味で、我々ＦＣ本部の営業活動こそが、ダイキチカバーオール事業のオンリーワンモデルを支える土台になっています。

なぜ営業保証できるだけの受注成果を持続的にあげられるのか。天才的なセールスマンがいるわけではなく、決して時流に乗った勢いでもなく、理にかなった営業の仕組みを築いてきたからです。何でもできるスーパーマンは、世の中にたくさんはいません。仮にいたとして、スーパーマンに依存し過ぎると、何らかの事情でその人がいなくなったとき、一気に事がうまく回らなくなります。非常にリスクの高い方法です。

それよりも、各々の持ち味を生かして役割分担をし、お互いに支え合う方が、長い目で見ると事業は安定し、発展します。本章では、そうした営業活動の様子を含め、ＦＣ本部としての当社の組織運営等について説明したいと思います。

「製販分離」モデルでは、加盟店は一切、営業する必要がありません（もちろん独自に営業活動をするのは自由です）。その点をとらえて、加盟店オーナーが一人前の経営者に育つのを阻害するモデルではないかとの意見をいただくことがあります。営業は経営の要であり、その部分をＦＣ本部に依存することは、経営の主体性を失ってしまうことにつながるのではないか、という危惧です。

私は、営業をしないからといって、それが経営者として半人前だとは思いません。ＦＣ本部が集中的に営業活動を行い、一方で加盟店さんは清掃業務に特化して専門性を高めるという役割分担を敷いた方が圧倒的に競争力は高まります。結果的に、より多くの仕事、より高度な仕事を手がける機会が増え、その中で経営者としての人格や手腕が磨かれると考えています。

科学的アプローチにより属人的営業から脱皮

今でこそ、加盟店への営業保証を着実に履行できる体制や仕組みが整っていますが、ダイキチカバーオールの責任者を任された当初は、私も属人的要素に依存したマネジメントスタイルを採っていました。営業社員の個々の能力を見極め、さらなるスキルアップを促そうと、鬼軍曹さながらに、一人ひとりに対して厳しい指導をしていました。

そんな私を目覚めさせてくれたのは、ある社員の一言でした。

「部長だからうまくいくんですよ。部長は営業が上手だから」

よくぞいってくれたと思います。

「そうか。私ができるからといって、部下の誰にでも同じことを同じようにやれと強いても無理なのか」

それから私は、凡人でも成果の上がる仕組みについて考え始める一方で、個々人のスキルに頼っていては、いつまでたっても泥沼から抜け出せないことに気づいたのです。人が定着しないという泥沼です。

その頃のダイキチカバーオールでは、厳しい指導についていけずに、多くの社員が早々に辞めていきました。私はそれでもいいと思っていました。ひ弱な社員は辞めていけばいい。がんばれる社員だけが残れば、最終的には強い営業部隊ができるはずだと考えていたのです。

ところが、強い営業部隊はいっこうにできませんでした。残って頑張った結果、一人前に成長した社員もいましたが、彼らはいったん自信を持つと、躊躇なくもっと条件のよい（と思われる）会社に転職していくからです。そういったことの繰り返しでした。ザルで水を汲むような状況に、いったい私は何をやっているのだろうかと落ち込みました。そうしたこともあって、個々人のスキルに頼らない営業の仕組みづくりを真剣に考え始めたのでした。

そういう目で世の中を眺めてみると、洗練された仕組みを作り運用することで成功している事例はいくらでもありました。たとえば、住宅や自動車の販売です。いずれも、ベテランの営業社員が夜討ち朝駆けで家庭を訪問し、手練手管で成約に持ち込むといった旧態依然の営業スタイルは、どの一流企業も行っていません。飛び込み営業も行われてはいますが、それも仕組みの中の一つの手法として位置づけられています。

住宅メーカーの事例を見てみましょう。住宅の販売活動は、一般的には次のような流れで進められます。

①新聞折り込みチラシやDMで見込み客を住宅展示場へ誘う。
②住宅展示場のモデルハウスでにて、説明員が応対しアンケートをとる。
③後日、アンケートの中から購買意欲の高そうな見込み客に電話を入れる。
④電話でアポイントを取れたら、営業担当者が説明に出向く。
⑤営業担当者だけで説明し切れない段階になったら、技術営業担当者が同行する。
⑥場合によっては、資金計画の専門家を連れていく。

このような工程で成約に至り、成約に至らなかった見込み客は、引き続き顧客管理部門でフォローする。細かな点を省くと、大きな流れはこのようになっています。

見事な分業体制です。チラシの制作部門は集客力の高いチラシづくりに専念します。モデルハウスの説明員は売り込みをせず、見込み客が求める情報をわかりやすく提供します。営業社員は購買意欲の高そうな見込み客を訪問して個別の相談に応じます。このような仕組みがきちんとできていれば、たとえモデルハウスの説明業務をいつも担っているメンバーに緊急の業務が生じても、異なる担当者が代行することが可能です。

上記の説明で分かるように、工場のごとく営業活動が複数の工程に分けられています。工程化するためには、営業プロセスをいったん科学的に細分化し、今度はそれを分業が成り立つように再構築しなければなりません。まさに「属人性を排除するための科学的営業手法」といえるでしょう。

営業の仕組みをつくることが重要だと考えた私は、活用できそうなツールやシステムを積極的に試し、良いものはどんどん採用しました。そして、仕組みが整うに従って、FC本部の営業成績は確実に向上していきました。カバーオール事業を立ち上げてからの1年を除き、私が関与するようになってからは、事業を急速に拡大させながらも、加盟店さんへの紹介案件が不足して困るような事態は一度も起きていません。

凡人でも成果のあがるシステムとツール

ダイキチカバーオールの営業活動を具体的にイメージしていただくために、営業の仕組みを支える主なシステムやツールをいくつか紹介いたしましょう。

代表的なシステムとして、CTI（コンピュータ・テレフォニー・インテグレーション）があります。営業訪問のアポイントメントを取るために、効率良く電話をかけるシステムです。第2章で、営業の成否を左右するのは、「確率」と「実行」だと申し上げましたが、CTIはまさに一定の確率でアポを取るために、コール作業を効率よく実行するためのシステムです。

私が初めてCTIを見たのは、米国のカバーオール社のコールセンターでした。そこではCTIを使って、一人のアポインターが同時に4回線の電話をオートコールしていました。「4人と同時に会話できるはずもないのに……」と思われるでしょう。最初の

1回線がつながった瞬間、他の3回線は自動的に切れるようになっているのです。アポインターにとっての成果、つまりアポイントの獲得は、ターゲットと話すことでしか生まれません。効率を極限まで追求すべく、それ以外の時間をいかに短縮するかという視点から作られたシステムといえるでしょう。

巨額の投資を要しますが、その威力を目の当たりにした私は、これをためらいなく導入しました。ただし、米本社のように4本同時にオートコールするような使い方はせず、ダイキチカバーオールの事業規模に合わせてカスタマイズして使っています。

使用するコール先のリストもピンからキリまであります。電話帳は、社名が五十音順に並んでいて地域別にまとまっているわけではありません。アポが取れても訪問エリアが散らばり、非効率な営業活動になってしまいます。信用調査会社などが発行している業種・業態別のリストは基本データを集めただけなので、アポを取れる確率は高くありません。

最も有効なのは、「自社が過去に営業をかけた先」「アプローチして商談にまで持ち込んだ先」「見積を提出したが成約に至らなかった先」などのリストです。電話帳や信用調査会社のリストは誰でも購入できますが、このリストは自社独自の情報の詰まった財産です。

「一度断られたら終わり」と考えてリストから外す会社もあると聞きますが、私にいわせれば、それほどもったいないことはありません。チャンスは1回だけではないからです。

ダイキチカバーオールでは、この最も有効なリストをCTIに登録し、顧客のプロフィールや過去の履歴を画面で見ながら、定期的にアプローチしています。再度アポが取れなかった場合でも、その電話で新たに得られた情報やアポの取れなかった理由などをCTIに入力し、全社で共有します。このデータベースを基本に、必要に応じて新たなリストを追加する形で、質と量を保っています。

先に紹介した住宅メーカーの事例では、アポインターと営業社員は分業していましたが、ダイキチカバーオールでは一人の営業社員が週の前半にテレアポをかけ、週の後半にアポの取れた見込み客を訪問するというサイクルで動いています。

システムやツールが営業マンを育てる

アポイントがとれ、営業社員が訪問することが決まった見込み客は、「営業プロセス管理システム」に登録されます。同システムは、当社の営業活動を支える強力な武器です。もともとは「eセールスマネージャー」という既存のソフトを使っていましたが、その後、さらなる機能強化を図るべく、当社が独自に開発しました。

このシステムもCTIと同じように、見込み客の情報が登録できるようになっています。CTIに登録されるのが、主としてテレアポによって得られた情報であるのに対し、営業プロセス管理システムは、アポイントが取れてからの営業活動全般の詳細な情報を記録できます。見込み客を訪問し、ヒアリングによって得られた情報やその後の商談内容です。当然、それらの情報は社内で共有され、成約に向けて、その次の営業工程で有効に活用されます。

ＣＴＩにも当てはまることですが、営業プロセス管理システムは見込み客情報の蓄積・活用に有効なだけでなく、営業社員の教育にも威力を発揮します。

ヒアリング内容や商談情報は営業社員が入力しますが、登録画面を見れば、成約に至るまでの営業工程を確認できます。次にどんな情報を収集して登録しなければならないか、あるいは、次にどんな行動を起こす必要があるのか。上司の指示・指導がなくても、このシステムが営業社員をエスコートしてくれます。

かつてベテランの営業社員が独り占めしていた暗黙知が、登録画面に形式知として表示されるわけです。営業プロセス管理システムの手順に従って、着実に営業工程を進めれば、経験やスキルの不足した営業社員でも成果があがる仕組みになっています。それに加えて、情報が全社で共有されているので、上司が部下の行動を把握・評価し、アドバイスする際にも役立っています。

むろん、最終的な商談の成功、つまり契約まで持ち込むには、営業社員個々人の能力や意欲が欠かせないのはいうまでもありません。重要なのは、優秀セールスマンたちが元々持っている資質に依存するのではなく、各人のスキルを高め、発揮させるような仕組みづくりに、会社が真剣に取り組む必要があるということです。

ほかにも暗黙知を形式知化したさまざまなツールがあります。

その一つである「商談シナリオシート」は、成り行きで商談するのではなく、あらかじめ自分なりのシナリオを作っておき、それをもって商談に臨むためのシートです。予測される質問に対する答えを考えたり、相手が断りモードに入った場合の対応策を用意したりするなど、事前に想定されるシナリオを組み立てるものです。これを作ることで、訪問時に思わぬ質問にうろたえたり、伝えなければならない大事なことを忘れたり、脈絡のない商談に終わってしまったりするリスクを回避することができます。

1つの商談シナリオシートが役に立つのは、当該商談だけではありません。作ったものを、営業社員間で回覧したり、それをもとにロールプレイングをしたりすることで、擬似成功体験も得られます。やり方次第で、実際の商談のために作成したシートが生きた教材になるのです。疑似体験の中で勝ちパターンを身につければ、営業力はおのずと向上します。

「自己紹介シート」は、営業社員が自分の名前、年齢、出身地、出身校などの情報を書き込んだシートです。

たいていの人は、営業社員が訪ねてくれば「何か買わされるのではないか」と警戒心を抱きます。その状況で打ち解けて会話をするのは容易ではありません。それをサポートするのが自己紹介シートです。

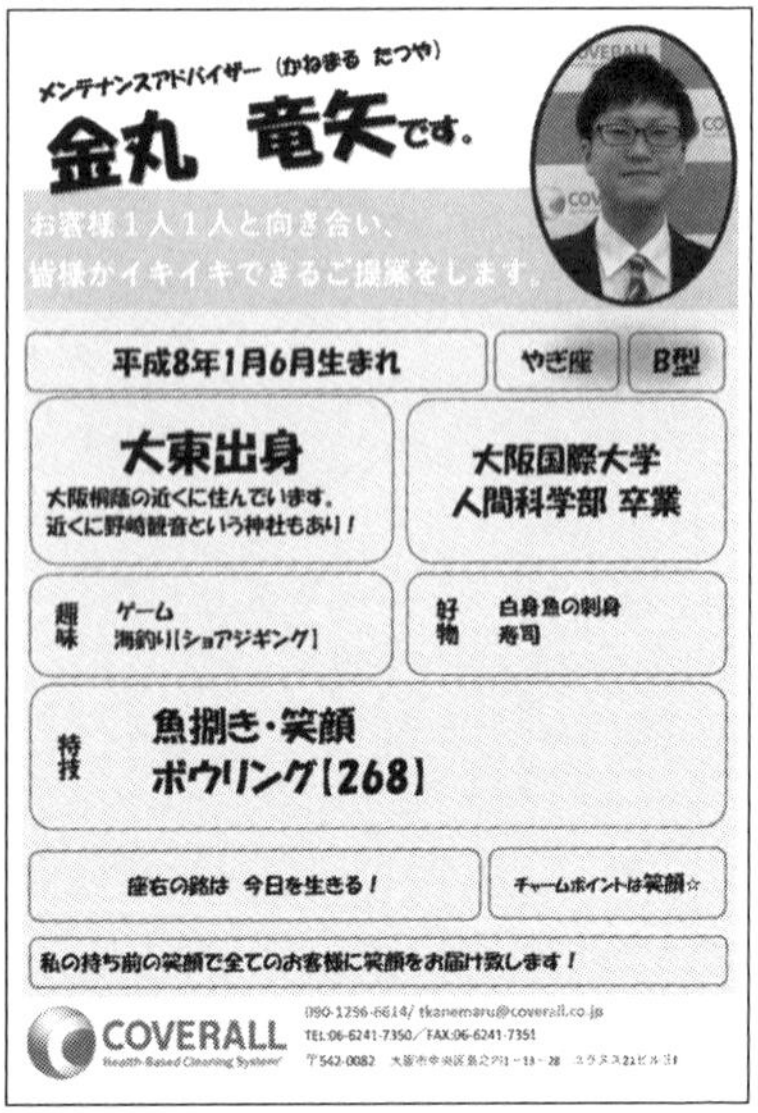

たとえば、同郷であるとわかれば、それがお客さまとの会話の糸口になるかもしれません。唐突に出身地を告げるよりも、シートを見せてから話をすれば、会話が弾む可能性も高くなるでしょう。

「チャラく見えるかもしれませんが、天然パーマなんです。まわりから毎日、坊主にしろといわれています」とでも書いておけば、イジッてくれるかもしれません。そういった経験を繰り返して自信がつけば、そのうち自己紹介シートは必要なくなります。

権限委譲で社員は大きく成長

経営理念はつくっておしまいではありません。社員一人ひとりが日頃の行動に反映できるよう、社内に浸透させる必要があります。むしろ、つくったときがスタート時点です。私も事あるごとに社員に説明し、あるいは、理念に沿って率先垂範するよう心がけています。

たとえば、盛和塾に入塾してすぐにつくった「カバーオールDNA」はその後、大幅に見直して、いつでも携帯できるように手帳サイズにして社員全員に配布しています。

さらに、早朝勉強会、週1回のフィロソフィー勉強会、月1回のフィロソフィー合宿、年2回（6月、12月）のフィロソフィー論文発表会など、さまざまな機会に繰り返し伝えるようにしています。

また、ダイキチカバーオールでは盛和塾に習って、お酒を酌み交わしながらディスカッションすることを「コンパ」と呼んでいますが、その場でもしばしば経営理念について議論します。

特に、入社間もない若い社員などは、経営理念やフィロソフィー、利他の心などといわれても、最初のうちはあまりピンとこないものです。上述したようにさまざまな場面で取り上げ、それについて考えたり話したりする機会を持つことで、やがて腑に落ちるようになり、組織内への浸透も進みます。


さらに経営理念を実体あるものにするには、トップが「語る」ことと並行して、社員自身が「行う」ことも非常に重要です。社員に思い切って仕事を任せて（やらせて）みるということです。

もっとも、「権限委譲」はいうほど簡単ではありません。経営者仲間で話していても、「仕事は部下に任せなければならない」という人ほど、傍から見ていると、任せていないケースが少なくありません。とくに創業経営者はすべて自分でやってしまいがちです。私もまだ100点満点を取れているとは思いませんが、できるだけ意識して権限委譲を進めてきました。

ダイキチカバーオールでは、毎年の新卒採用の業務を入社1、2年目の若い社員が担当しています。単なる窓口業務だけではありません。面接や選考、内定後のフォローやなど、採用における重要業務の一切を思い切って任せるのです。

そうする理由の一つは、新卒者と年齢の近い社員が担当した方が、コミュニケーションが円滑になると考えるからです。しかし、もっと大きなねらいがあります。自分はまだ新人だと思っている1年目の社員を新卒者に応対させ、先輩になることを強く意識させるためです。

教わる立場から教える側に立つことで「主体性」、つまり自分の判断で行動しようとする意思が育つものです。どんな社員でも仕事を任されて、目の前の課題を自分で解決しなければならない立場に立たされると、自ら考えて判断する習慣がつきます。その判断の拠り所は、もちろん経営理念ということになります。それまでトップからさんざん聞かされ、手帳にも書かれている経営理念の文言が、実感を伴って理解できるようになるのです。

ときには経験不足によって判断を誤ることもあるでしょう。間違えるという体験も、その後に上司からの適切な助言やフォローがあれば、経営理念を血肉とするための絶好の機会になると、私は考えています。

新人社員に新卒採用の業務を任せる一方で、ベテランである地区本部のマネージャー全員には、加盟店オーナーとの定期面談を任せています。私自身も面談を行っていますが、立ち位置はマネージャーと横並びで、ＦＣ本部の面談担当者の一人にすぎません。それだけ各マネージャーに責任を持たせているのです。

加盟店さんとの間には、日々、さまざまな課題が生じますが、常日頃よりきちんと向き合って対話していれば、その7割はすぐに解決します。残りの3割を解決するには、お互いが妥協するしかありません。歩みよることができるのは、そこに信頼関係があるからです。普段からの対話、良好なコミュニケーションがあってこそです。このように、マネージャーには加盟店オーナーとの信頼関係の醸成という大きな役割を果たしてもらっています。

セオリーにとらわれないことを教えてくれたイキイキ社員

経営理念を形にし、それをベースにさまざまな仕組みを整備し、社員も加盟店で働く人々も、ともにイキイキと働けるFCモデルが完成しました。しかし時間の経過とともに、世の中の考え方や経営環境も変わっていきます。いつの間にか経営理念が形骸化していないか、マネジメントシステムが陳腐化していないか、検証はいつの時代にも求められます。

時代の変化を待つまでもなく、新しい気づきは常にあります。

経営理念をつくった頃から、私は人が本当にイキイキとするのは、単なる「金儲け」ではなく、目標をもって仕事に打ち込んでいるときだと考えるようになりました。

私自身も、金儲けより社員の喜ぶ顔を見ることが楽しみになってきました。社員旅行で空港に集まった社員たちがうれしそうにニコニコとしている、あるいは、合宿で目を輝かせて議論に熱中している、そのような社員のイキイキとした顔を見ることが経営の目的に変わってきました。だから、私は社員の能力に応じた目標やキャリアを一人ひとりに提供してきたつもりです。

一方で、そうした考え方に当てはまらないイキイキの仕方があることにも気づいたのです。

きっかけは、やはり盛和塾でした。あるとき、またしても唐突に根源的な問いが投げかけられました。

「小田さんはイキイキさせ屋とおっしゃるけれど、社員全員、本当にイキイキしているのですか?」

そこで改めて、社員一人ひとりの様子を思い浮かべてみたところ、前述の「イキイキしている人は、目標をもって仕事に打ち込んでいる」という私なりのセオリーに当てはまらないにもかかわらず、イキイキとしている社員がいたのです。

将来、責任ある仕事を任せてもらいたいとか、多くの社員を束ねるリーダーになるのだとか、良い意味での野心を彼から感じないのです。悪くいえば、向上心がない。人事評価もいまひとつでした。

それでも、彼が毎日イキイキと働いているのは間違いないのです。私は彼に直接その理由を尋ねてみました。すると、会社の仲間が好きで、仲間と一緒にいることが楽しいのだといいます。そのような彼の存在は、結果的に周囲に好影響を与えていました。彼がいることで、周囲もいっそうイキイキとしていたのです。

昔であれば考えられないことですが、「イキイキさせ屋」という定義に立脚するならば、これ以上、儲けるつもりはないと考える加盟店オーナーがいてもいいように、彼のような社員も当然、認めるべきだと私は思いました。

私は、仕事の成果では測れない彼の存在価値を、改めて皆の前で評価することにしました。公表することで、彼を正式に認めることを伝えたのです。不思議なもので、それ以来、彼は仕事面でも成果をあげるようになりました。

経営理念は、日常の業務や出来事にあてはめ、常に検証することで、生きたものになるという一例です。

加盟店オーナーの声④

ＦＣ本部側から加盟店側に立場を変えて

松島一義（まつしま・かずよし）さん
〔63歳男性、加盟歴5年半、神戸地区本部〕

地元に根を下ろし朝型生活ができる素晴らしさ

以前は、大手ＣＶＳ（コンビニエンスストア）のフランチャイズチェーンで加盟店支援（スーパーバイジング）の業務に当たっていました。

ＣＶＳという業態柄、以前は、夜間での勤務や自宅から遠く離れた地域での単身赴任が珍しくありませんでしたが、55歳となり役職定年を迎えたことで、早期退職を考えるようになりました。

次なる道を見定めるに際し、今度は自宅のある尼崎に根を下ろし、朝型の生活ができる仕事をしようと考えました。再就職して再びサラリーマンになるという選択肢もありましたが、最終的には頑張り次第で大きな成功も見込める自営の道に進むことを決意しました。

その分当然リスクは大きくなります。私自身が選択にあたって考えたのは、必要な初期投資等について、仮に失敗した場合でも、その後の生活が全く立ちゆかなくなるほどの過大なリスクを抱えるのを避けること。またコンビニのように、家族や周囲の協力・参画が不可欠なものではなく、自分一人でもコツコツと続けていけるような事業に取り組みたい、というものでした。

おぼろげながらそのような基準に則って、情報収集や検討を進め、候補となるいくつかのＦＣビジネスの中から、最終的にカバーオール事業を選びました。

清掃業務は段取り九分

印象深いエピソードとして、あるマンションで水を使った掃除をしている時に、通りがかった入居者の方にかからないようよけた先にたまたま火災報知器があり、水に塗れたことで発報してしまったことがありました。

すぐに管理会社に連絡して事情をご説明し、関係者への謝罪など自分としてはできる限りの対応を行いました。

生じた損害については、保険でカバーすることができました。自分の過失・責任を回避しようとか、小さく見せようという言動をとらなかったことでむしろ信頼してもらえたようで、以後数カ月の間に、その管理会社からのお仕事が4件（4棟）も増えたということがありました。

よく「段取り八分」などということをいいますが、我々が行っている清掃業務に関してはそれ以上で、段取りの巧拙が8割どころか9割を占めるように思います。

清掃に使う道具や薬剤、技術や知識についてはカバーオール本部が惜しみなく提供してくれます。日常清掃についていえば、対象となる現場は常に同じですが、清掃の内容や進め方まで同じである必要はありません。

天候やお客様の都合なども考慮しながら、できるだけ効率的に作業方法等を工夫しながら、求められる清掃品質を満たす「物件マネジメント」。そして自分の体力や生活リズムについて、できる限り良好な状態を保つ「自己マネジメント」。良い仕事を長く続けていくには、ただやみくもに体力や労力を消耗することがないよう、この両者を上手く組み合わせながら、日々の業務を段取りよく進めることを心がけています。

第5章　進化を止めない

不動産事業とのシナジーめざして

本章では、ダイチキカバーオールの事業、組織運営、ＦＣモデル等を、さらにどのように進化・発展させようと考えているかについて紹介します。

まずは事業展開についてお話ししたいと思います。

これまでダイキチグループとしてはさまざまな事業を手がけてきましたが、ダイキチカバーオール自身は、他の分野に手を広げることなく、清掃業務を請け負うフランチャイズ・ビジネスに特化して取り組んできました。その結果として、現在１８０００件のお客様から清掃業務を受託するようになりました。このうち、７０００件がマンションです。

マンションの清掃は、比較的小規模なものが多く、ダイキチカバーオールの主要なターゲットですので、これからさらに受託件数を増やしていきたいと考えています。そのためには、本部営業により新規契約を受注していかねばなりません。これまでのやり方をさらに磨いていくのはもちろんですが、他のアプローチについてもその可能性を模索してきました。

我々が行っている清掃事業は、マンション管理業務の一部と見なすことができます。つまり当社自身が管理業務を手がける立場になれば、清掃についてもその一部として、自然に取り込めることになります。

どの程度の物件の管理業務を受託できるかにもよりますが、管理事業を手がけるだけでは必要数の清掃案件を確保するには十分でないかもしれません。それならばもう一段階上流に上って、当社自身がマンションを保有したり、マンションデベロッパー事業に進出したりすれば、管理業務、ひいては清掃業務を創出することができるはずです。当社はこれまでできる限り固定資産を持たずに、身軽な経営をめざしてきましたので、オーナーとして建てたマンションについて、当社に清掃事業が流れるような仕組みを整えた上で、投資家に販売するという方法もあるでしょう。こうした考えに基づき、不動産事業への進出を構想したわけです。

この計画は、賃貸マンション分野を皮切りにすでに動きだしています。

私が懇意にしていて、九州で不動産仲介の店舗群を運営されている経営者の方にお願いし、不動産事業の担当にと考えていた社員2人を半年間、その会社に派遣。不動産の売買・仲介・管理に係る業務を、徹底的に教え込んでいただきました。

そのメンバーを中核に不動産事業部を立ち上げ、2016年12月に大阪府豊中市に、2018年2月には同府茨木市に不動産ショップを開きました。今後も、京都・神戸・名古屋といったカバーオール事業の地区本部の動きと連動、連携させながら、店舗展開を進めていく予定です。

当社はカバーオール事業について、西日本全域にてFC展開する権利を有しているものの、基本的にはやみくもにサービスエリアを拡大するのではなく、不動産事業とのシナジー効果を追求しつつ、現在の活動エリアにおける存在感を高める——「広げる」のではなく「深める」——ことに重点を置いた事業展開を想定しています。

関係性構築力こそがトラブルの芽を摘む

本書もいよいよ終盤になってきました。ダイキチカバーオール事業とそれにかかわる人々が今後も発展を続けていくために必要な組織力、特に我々本部と加盟店の結束や信頼関係の根本について、私の思うところを述べたいと思います。

売上や利益が増えることも大事ですが、それが加盟店を営むオーナーやそこで勤務する人々の忍耐や不幸、過酷な労働環境の下に成り立っているようでは全く意味がありません。

イキイキさせ屋を標榜する当社としては、お客様、加盟店オーナーをはじめとした外部パートナー、当社社員など、かかわりのある全ての人がイキイキと働き、イキイキと生活できる姿を実現するのが目標です。イキイキするにはお金も必要です（物心両面の幸せ）。お客様に我々の存在価値を認めていただいた結果として売上を増やし、パートナーである加盟店と本部とでそれらをシェアするという考え方です。

その前提に立ったとき、本部を運営する我々に最も必要なものは何でしょうか。一言で表現するならば「我々の行いや言動、その根本に加盟店さんに対する愛があるか」。それに尽きると思うのです。

本部・加盟店間の関係が上手くいっているとき、同じ立場をとれるときは何の心配もないでしょう。問題は両者の利害が一致しなかったり、衝突したりする場合です。普段はことある毎に呪文のように「共存共栄」と唱えながら、ひとたびそんな事態を迎えると態度を豹変させる——そのようなFC本部が少なくありません。

契約を盾に自分たちの都合をごり押しする本部や、（実際に口に出すかどうかは別として）「加盟店が一つくらい減ってもこちらは痛くもかゆくもない」といった態度をとる本部等々。FC業界に長く身を置いているからこそ分かることですが、残念なことに、加盟店を軽視しているとしか思えないような姿勢で対峙し、トラブルをさらに大きくしているケースが少なくありません。

読者の中には、「お前のところ（カバーオール）はどうなんだ?」と思われる方もいるでしょう。めざすところは同じであっても、本部と加盟店では立場が違いますから、ダイキチカバーオールでも全てにおいて考えが一致するとは限りません。見解が違ったり、意見が対立したりすることも当然あります。しかし、耳目を集めるような大きなトラブルになったり、訴訟に発展したりすることはありません。

そういう話をすると、「加盟時点でよほどきちんとした契約が交わされているのだろう」とか、「法務対策が万全なのだろう」といった推測や解釈をされることがありますが、それは全くの見当違いです。

「契約書にこのように書いてあります。それを前提にハンコをついたのですから、たとえ気に入らなくても守ってもらいます」「従わないのであれば契約を解除します（ペナルティを科します）」などという主張や強弁をしたところで話が丸く収まるでしょうか。決してそうは思いません。訴訟に発展した際に「それが元々の約束だった」と主張する材料となり、判決には有利に働くかもしれません。しかし、舞台が法廷に移る前の段階で、双方が納得のいく形で解決を図るのが、ＦＣ本部を経営する者の責任だと私は考えます。

カバーオールのような個人向け（B to C型）フランチャイズ・システムにおいて、最終的に何がものをいうか。それは「人間力」しかありません。

もっとかみ砕いていいましょう。「ちょっと意見は違うけど（これだけお世話になっている）あなたがそういうなら仕方ないねぇ」「少々こちらには厳しいけど（いつも我々のために一生懸命やってくれる）あなたの顔を立てないわけにはいかんわなぁ」という風にいってもらえるだけの、関係性が常日頃から構築できているか否か、ということです。

本部において、そんな要となる役割を担うのがスーパーバイザーです。スーパーバイザーの業務は実に多岐にわたりますが、最も重要な職務は何ですかと新入社員に尋ねられれば、私は間違いなくこう答えます。「商売と関係なく、○○さんのためなら一肌脱ぐよ——そういってもらえるような間柄になることだよ。そういう関係が築ければ、他のことも全て上手くいくから」

加盟店オーナーの伴走者としてのSV

人間関係や信頼関係の構築がいかに重要かを示す事例を紹介したいと思います。

他の事業でも同様でしょうが、清掃事業を展開していくと、実にさまざまな問題が起こります。その中の一つが、提供する役務の範囲についてのものです。できる限り費用負担を抑えたいと考えるお客様の中には、契約の際に対象とする清掃の箇所や種類について、必要以上に限定してしまうことが少なくありません。

実際に加盟店が清掃業務を担うようになり、期間が経つうちに、契約に含まれていないにもかかわらず、「ついでにこれもして欲しい」「あれもやっておいて」という具合に、業務が追加されることがあります。清掃事業を営んでいればしばしば起こりうることです。

ある加盟店のケースでは、そうした不本意な形での業務の追加に加え、それを依頼・指示される際のお客様の側の接し方や態度にも、色々と思うところがあったようです。

その加盟店オーナーは、「私としてはこの仕事を続けることに納得がいかない。自分の売上が下がっても構わないので、担当加盟店を変更して欲しい」という風に担当ＳＶに申し入れたそうです。

わかりやすくたとえるならば……素うどんの注文を受けたのに「天ぷらうどんを出せ！」と強弁されたようなものです。一回きりのことならばまだしも、その不利益変更が固定化されてしまったら……そしてその追加業務のためにかなりの手間暇を要するとしたら……そう考えると、理不尽な要求だと腹に据えかねたオーナーの気持ちは私にもよくわかります。

営業活動を行い受注したのは当社ですから、更新の時期などを捉えて、契約を見直すなり、業務を再定義する必要があります。一方で、競合の清掃会社にスイッチされるリスク等を考慮すると、本部としては慎重に事を運びたいと考えます。

加盟店オーナーの話を聞いた担当ＳＶは、その立場や思いに寄り添いながら、自身も現場に入りつつ、作業を合理化するなどできるだけコストを増加させない形で継続してみましょうよと粘り強く働き掛けました。

それを受けて、オーナーは得心がいったかといえば、決してそうではなかったそうです。それでもそこまで親身になってくれるSVの顔を立てないわけにはいかないと思い、本意ではないものの現場に入り続けたそうです。

そんなもやもやとした気分の状態がしばらく続き、その年の12月、そのお客様の最後の清掃に伺った際に、担当の方のもとに出向き、「今年1年お世話になりました」と年末の挨拶に伺ったところ、戻ってきたのは意外な言葉だったそうです。

「あなたが来てくれて本当にうちの会社の中は綺麗になりました。普段からあれもこれもと無理ばかりお願いしているにもかかわらず、それを快く受け入れて下さって本当に感謝しています。これから先もずっと当社の掃除をあなたに担当し続けて欲しい」という主旨のことをいわれたそうです。

担当の方が、自分のことをそんな風に思ってくれているなんて考えもしなかったと、その加盟店オーナーは涙が出るほど感動されたそうです。振り返って見ると、担当SVが、上からではなく、常に自分と同じ目線に立ち、対策も示しながら、「やけを起こさずに現場を守り続けましょう」と励まし続けてくれたからこそ、こういう嬉しい瞬間に遭遇することができた――そんな風に、報告とともにSVへの感謝を口にし、これからもそのお客様のために頑張りたいと決意を新たにしたといいます。

加盟店と担当SVの間の良好な人間関係、深い信頼関係は、ダイキチカバーオールが高品質なサービスを提供する上で基盤となるものなのです。

PS（パイオニア満足）がCS（顧客満足）を生む

前項では、本部運営における要諦として、人間力や関係性構築といった要素を強調しましたが、そういうのは相性の問題もあるし、生まれ持った性格とかキャラクターに依存するんじゃないか、と思う人がいるかもしれません。

たしかにそういう面は多分にあるでしょう。人なつっこい性分で誰とでも仲良くなれる人、仕事ができるようには見えないが、妙にお客様や上司から可愛がられる人というのは、どのような組織やコミュニティでもいるものです。

そういう彼・彼女は、少しばかり得をしているに過ぎません。彼ら以外の人にも、いくらでもやりようはあります。基本はやはりその人の身になって考えてみるということだと思います。

「この人はこれまでどのような人生を歩んできたのだろう」「どんなことで苦労したり困ったりされているのだろう」などと感情移入し、その人の人柄や置かれた立場、家庭環境、人生の目標などに対して、誠実な関心を寄せられる人であれば、努力次第で絶対に強固な人間関係を築くことができるはずだと、私は思います。

ダイキチカバーオールでは、年に2回、社内でフィロソフィー論文というものを募り、発表・表彰する場を設けています。半年とか1年にわたり過去を振り返り、自分の言動はどうだったのか、当社のフィロソフィーに沿った行動がとれていたか、もっとこうあるべきだったのではないか、今後の課題は何かなど、自分なりに総括する貴重な機会になっています。

スーパーバイザー諸君の作品を読むと、「自分なりに考えてこんな風な支援を行ったらすごく喜んでくれた」「後から考えるとてもまずい対応をしてしまい、本当に後悔した。こういった方法で挽回してやっと心を開いてくれるようになった」など、加盟店の人々と真摯に向き合う様子が描かれており、当社の社員ながら頭の下がる想いがします。

加盟店の側から直接評価をいただく機会も設けています。「あなたの担当スーパーバイザーはこまめに連絡をくれますか」「質問や相談をしたことについて適切なアドバイスをくれますか」といった質問に答えていただき、それがスーパーバイザーの人事評価に反映されるようになっています。

このような制度や仕組みを設けることで、担当者のキャラクターの属人性に依らず、人材育成および加盟店との関係構築を促しているのです。

ここまで本書をお読みいただいた読者の中には、満足させる対象はあくまでも顧客であって、そんな風に加盟店にばかり気を遣った運営をしていては間尺に合わないいんじゃないだろうかと思う方がいるかもしれません。私はそのご意見にあえて反論させていただこうと思います。

なぜか……我々本部が加盟店に真心をもって接すれば、加盟店の人々がお客様のところを尋ねたとき、同じように真心のこもった清掃サービスを提供してくれます。

そうすれば顧客満足度は高まり契約はずっと続きます。ときにはそのお客様が保有する別の事務所や工場、管理する別のマンションの清掃業務も、追加で依頼されます。増えた売上は、本部の我々と加盟店でシェアすることになります。つまりＰＳ（パイオニア満足）を追求することが、ＣＳ（顧客満足）を高める上で極めて有効な手段なのです。

それだけではありません。新たな加盟店の開発（発掘）は本部にとって重要な業務ですが、それさえも既存の加盟店が手伝ってくれます。当社の新規加盟数は年間９０件程度ですが、その約2割は既存加盟店のオーナーからの紹介が元で契約に至ったものです。

なぜそんな風に積極的に紹介してくれるのか。成約した場合に本部から少しばかりのお礼はしますが、加盟店オーナーはそれを期待して紹介しているわけではありません。清掃の仕事やフランチャイズの仕組み、本部の支援体制など、あらゆる面を総合して、自らが取り組んでいるカバーオール事業に満足しているからです。

そのような動機に基づく行動なので、親友や親戚、家族など、そのオーナーにとって近しい人や大切な人、信頼に足る人を紹介してくれるのだと思います。見返りを期待する紹介とは決定的に違います。そのため本部にとっても加盟店として望ましい人である可能性が高いのです。

本部運営に対する加盟店の満足度を測る際、アンケートの実施にも意味があるでしょう。しかし、自分の近しい人たちを紹介してくれる加盟店オーナーがどれくらいいるか――これほど本部やカバーオール事業に対する満足度を知るために有効な物差しはないと思います。

ホワイト企業アワード

ほかにはない素晴らしいFCにしたいと猪突猛進してきた当社ですが、2018年には、その取組みについて外部機関から表彰される機会がありました。少し自慢話におつきあい下さい。

「ホワイト企業アワード」とは、全国の素晴らしい会社を賞賛・表彰することを目的に、一般財団法人日本次世代企業普及機構（通称ホワイト財団）が設けた賞です。ワークライフバランスや女性活躍、ダイバーシティ、CSR、育児支援、LGBTフレンドリーなどさまざまな観点から賞を設定し、企業の取組みや姿勢を評価、顕彰しています。

当社は、2018年開催の第3回同アワードにおいて、家具・生活雑貨のニトリ、石油元売り大手の昭和シェル石油、生命保険のライフネット生命など、誰もが知る錚々たる企業に混じって、理念共有部門で受賞の栄誉に浴することとなりました。

恥ずかしながら私自身は不勉強で、それまでこのような賞があることを知りませんでした。ですから、表彰されることを目標に、何らかの活動を行うこともありませんでした。

ダイキチカバーオールでは、清掃業務の新規契約にせよ、新たな加盟店の開発にせよ、それぞれこれらを担当する部門の社員たちが日々頑張ってくれています。テレビCMなど広告露出も行っていますが、それとは違う角度から、当社および当社が推進するカバーオール事業について有効なブランディングができれば、さらなる後押しになるのだがと、以前から漠然と考えていました。

そんなときに、当社の管理本部長が「ホワイト企業アワードという賞があるのでぜひチャレンジしたい」という提案をしてくれました。

自分たちが良かれと思ってやってきた取組みが、社会および産業界の中でどのような評価を受けるのか。受賞に至らずとも、それを知ることも良い勉強になるはずだと思い、エントリーすることに賛同しました。その後、彼を中心にプレゼン資料の作成などに取り組んでもらい、結果的に前述の受賞に結びついたというわけです。

この受賞は、即効性は期待できないものの、取引や加盟を迷っている方々が、「ここになら安心して任せられそうだ」「信頼して付き合っていけそうだ」と判断する材料の一つにはなるでしょう。

管理部門の本来の役割は、前線で戦っているライン部門を後方から支援することです。認知度がまだまだ低いダイキチカバーオールＦＣの前線部隊にとって、受賞に導いた管理部門の働きは、後方からの効果的な援護射撃になったと思います。

ちなみに主催者によって発表された受賞理由は、以下のようなものでした。

「経営理念からの事業計画、行動計画、数値計画、ＰＤＣＡサイクルの稼働まできちんと展開され、外部まで広げて成果を出している。具体的には、①経営理念を基に社内施策が構築されており、お題目にならずに実践されている、②経営理念を浸透させるためのツールや取り組みが充実しており具体的に使用されている、③フランチャイジー向けに事業計画の立案、発表の場を提供しており経営理念を事業計画に落とし込んで実践することの価値を世に浸透させている」

どんなに立派な理想を掲げようと、それを確実に実践し、組織内に浸透させ、結果につなげなくては意味がありません。私は常々そう考え、経営において心がけてきましたので、社外のパートナーまで巻き込んだ実践力が評価されたことに、我が意を得たりとの想いを強くした次第です。

このように理念や事業計画の浸透や実践といったことは極めて重要です。ただ、ややもすると上から下へと方針を徹底することに重きを置いているような印象を持たれるかもしれません。そのような捉え方は私の意図するところとは違うので、少し補足させて下さい。

年を追うごとに私が痛感していること。それは、加盟店やSVが活動している現場にこそ、この事業をより良くするためのヒントがあるということです。日々、さまざまな事態や状況に遭遇し、「こういうニーズをお持ちのお客様が少なくないのだな」「もっとこういう仕組みや制度だったら効率化や生産性向上につながるのに……」などと彼らは感じています。

本部や経営陣が真摯な態度で、そうした加盟店の声に耳を傾け、現場を守る社員たちの考えを拾い上げ、経営に活かしていくか。それが問われます。

寄せられる意見のすべてが的を射たものであるかといえば、そうではない場合もあるでしょう。特定の業務に携わっていて、現場の状況や細部には精通している反面、他の部署や機能について理解が不足していたり、事業や会社の全体を俯瞰して見ていなかったりする可能性もあります。

それでも良いのです。荒削りな提案やアイデアであっても、その素材の良さを活かして調理するのは上の者の責任です。経営者や管理者の方が、大所高所からものを見ているから、下の者は黙っておけといった態度は厳に慎むべきです。

「どうせ言っても無駄だ」「取り上げてくれるはずがない」などと、最も現場を知る加盟店や社員が口をつぐんでしまう――そんな風土がはびこっているとしたら、それこそ宝物をドブに捨てている劣悪な組織だと自覚すべきです。

現場の意見を吸い上げる機会や場を用意する。受け取った側はそれを実際に役立てる姿勢を示す。立場に関係なく、誰もが自らの事業やサービスの魅力を高める活動にコミットできる。そのような環境を整備するのは、経営者の責務だと思います。

誤解を恐れずにいうならば、理念や事業計画など上から発するものは、現場からのレスポンスやアクションを誘うためのものである。さらに、前述したようなミスマッチをできる限り回避すべく、事業の全体最適を踏まえたアイデアや提案を募るための撒き餌である――そんな捉え方もできるでしょう。

いずれにせよ、上だけがしゃかりきになって、理念や事業計画を一方通行で押しつけ、下からは何も返ってこないような上意下達型の組織運営では、益々激しくなる事業環境の変化に対応できなくなるのではないでしょうか。

経営者に必要な3つの資質

ＦＣ全体を活性化し事業を拡大するという目的において、私が必要だと考える３つの資質について述べたいと思います。「資質」と書きましたが、決して先天的なものではなく、意識して努力すれば誰にでも後天的に得られるものです。

第一に、最後まであきらめない情熱や執念を持ち続けることです。

皆さんご存じの松下幸之助氏はこういっています。「成功とは成功するまでやり続けることで、失敗とは成功するまでやり続けないことだ」。発明家トーマス・エジソンも、少し異なる表現で同様の言葉を遺しています。「私は失敗したことがない。ただ、１万通りのうまく行かない方法を見つけただけだ」

私は大学も出ていませんし、決して出来のいい人間ではありません。私より優秀なビジネスパーソンは山ほどいます。

そもそも人間の才能にそれほどの差はないと思っています。プロの世界では、スポーツでも囲碁や将棋などでも、紙一重で勝敗が分かれます。わずか1センチ、1秒、一手の違いです。それを生むのは、才能の差以上に、どうしても勝ちたいという情熱や執念だと思います（それも含めて、才能というのかもしれませんが）。

ビジネスにおいても、ひたすらコツコツと継続する情熱、何度失敗を繰り返してもチャレンジを続ける執念が、成功する秘訣だと私は確信しています。

第二に必要なのは信念です。

会社を経営していると、何が正しい選択なのか思い悩む場面に何度も直面します。どんな選択をしても間違った方向に行きそうで、身動きが取れなくなります。それでも経営者は決断を下して前進することが求められます。

そんなときには、経営理念に則して決断し、それが正しいとの信念を貫いて実行することが大切です。

そもそも難しい選択を迫られたとき、唯一絶対の正解などありません。事業を続けるのか、撤退するのか、いずれも正しい答えになり得ます。多額の融資を受けて事業を拡大するのか、手元の資金で試験的に始めるのか、どちらも間違いではありません。

迷いを吹っ切るのは、決断した方が正しい答えなのだという信念です。

第一の情熱や執念も、第二の信念も個人のうちに秘めたものですが、成功するにはそれだけでは足りません。第三に必要なのは、とてもオーソドックスですが、周りの人たちの協力とそれに対する感謝の気持ちです。

経営者の最大の喜びは、社員をはじめとする関係者の成長を見ることができることです。もちろん、経営者の大きな役割の一つは、高い収益を安定的にあげ続けることですが、数字のみにこだわり、自分の稼ぎだけを追い求めるようでは、経営者として不適格だと思います。

人の成長を喜べるようでないと社員はついてきません。一時的に上手くいくことがあっても、経営者がそうした未熟さを克服できないままでは、中長期的には経営が行き詰まるでしょう。経営者は一人ですが、事業を成功に導くには、社員をはじめとする関係者の協力が不可欠です。
そして彼らの理解と協力に感謝する気持ちも忘れてはなりません。「利他の心」を基本に据えた行いが周囲人との絆を太くし、それが事業や人生をより豊かなものにしてくれます。かつて稼ぐことのみに血道を上げ、「勝てば官軍」だと豪語していた私が身を以て感じているのですから間違いありません。

2025年に売上高200億円をめざして

ダイキチカバーオールは、本稿執筆時点で2018年度（2018年6月頭～2019年5月末）の終盤に差し掛かっており、当年度の売上高として61億円を見込んでいます。また長期経営ビジョンとして、以下のような企業像を掲げています。

2025年長期経営ビジョン――行列のできる企業へ
1　（オーナーさんが）日本一加盟したい！【生きがい提供業】

2　（お客様が）日本一任せたい【環境創造業】
3　（社員が）日本一働きたい【やりがい提供業】

このような理想を現実のものにし、さらには本章冒頭で述べたように不動産分野における事業展開を進めた結果として、当社は2025年度の業績として、売上高200億円、経常利益20億円をめざしています。

これまでの実績と比較して、非常に大きな数字ですが十分達成可能だと考えています。ただし、年商や利益など数字目標だけが一人歩きして、前述した長期ビジョンが達成できないようでは意味がありません。それでは本末転倒です。

ここまで紹介してきたように、私は若い頃から「立派な経営者になりたい」という夢を持って、自分なりに必死に努力を重ねてきました。その過程で、自分の勝手な目標を叶えるための道具や手段のように部下に接した結果、彼らの離反や一斉退職を招いたこともありました。

それまでのやり方や生き方の修正を迫られ、迷走する中で、多くの人から助言や支援をいただき、現在の「イキイキさせ屋」という事業コンセプトにたどり着きました。その後は、実践を通じてこれを磨いてきました。

それでもまだ道半ばです。ダイキチカバーオールのFCは、日本の他のFCにはないオンリーワンのモデルですが、事業規模は小さく社会的には微力です。しかし、独立開業者に寄り添い、彼らと協力して魅力あるサービスを展開することで、日本のFCビジネス市場を活性化したいと考えています。

とてつもなく大きな夢ですが、きっと実現できるはずです。本書を読んでもし共感いただけたなら……どんな形でも構いません……日本全国をイキイキとさせられるよう、ぜひ一緒に取り組んでいきましょう。

加盟店オーナーの声⑤

夫婦でのハウスクリーニング事業の経験を活かして

矢賀篤（やが・あつし）さん
〔50歳男性、加盟歴4年9カ月、名古屋地区本部〕

本部の売上保証が強い味方に

夫婦2人でカバーオール事業を営み、自宅のある名古屋市北区と中心部にあたる同市中区の物件を担当しています。

元々私自身は、電気工事関連の仕事に従事していたのですが、妻がパートとして勤めるようになったハウスクリーニングの仕事が好調なのに触発され、38歳のときに脱サラしてその会社の下請けとして、夫婦2人でハウスクリーニング事業を始めました。当初は好調だったのですが、元請け会社の業績不振に伴い、徐々に我々への注文も減っていき、何らかの施策を講じる必要に迫られました。そのときに思い出したのが、3、4年ほど前に、あるマンションのハウスクリーニングを手がけた際に、その建物で日常清掃業務を担っていたカバーオールのパイオニアさんと交わした雑談の内容でした。

当時はカバーオールが名古屋に地区本部を立ち上げて間もない頃だったと思いますが、その方によれば、手がける物件数も売上金額も、私たち夫婦より比べ遙かに多く、そのことに驚かされたものです。「カバーオール」という名前だけは覚えていたので、そこから情報収集を進め、地区本部に話を聞きに行きました。対応して下さった方のお話にも合点がいったので、大きな決断ではありましたが、私たち夫婦はカバーオールにスパッと切り替え再出発することにしたのです。

一番の懸念事項は、加入して早い段階で仕事が入り、順調に売上が立つだろうかということでしたが、いざ飛び込んでみるとそのような心配は全くの杞憂でした。月間売上60万円を目標にスタートしたのですが、早々にその水準はクリアし、本部の方から「もう少し上乗せしませんか」「こういう案件をやりませんか」と追加の打診・提案をいただくほどでした。

自分たちならではの強みとは

複数人でカバーオール事業に取り組む際、現場単位で分担し、一つの現場の清掃は一人でこなす形を採るパイオニアさんも多いと思います。

我々は全ての現場について2人で訪問します。それは、スポーツ施設の女性更衣室など、女性清掃員が必須である案件がいくつも含まれているからです。夫婦でこの事業を手がけるメリット、強みといえるかと思います。

日常清掃に加え、スポットにも力を入れており、平均すると毎月の売上の4割ほどに達します。本部の方も、我々の前職についてご存じで、その経験を活かせるよう、ハウスクリーニングの仕事を数多く紹介してくれます。

そんなこともあり、私より後に加盟された方から、ハウスクリーニングを上手にこなすコツなどについて、アドバイスを求められることが少なくありません。

ハウスクリーニングでは技術もさることながら、それ以上に気配りや丁寧さが求められます。一見しただけでは気づかないところ、覗いたり開けたりしてみないとわからない箇所も含めて、なおざりにしないことです。機会があれば後輩パイオニアさんにはそんな助言をしています。

おわりに

第5章の終盤で「経営者に必要な3つの資質」を挙げました。実をいうと、もう一つ私が重要だと考える資質があります。これは、経営者に限らずあらゆる人が充実した人生を生きるために欠かせないものだと思っています。

それは、他人のしていることで良いと思うことは、すぐに真似をすることです。

私はサラリーマンの頃も経営者になってからも、成功したこともあれば、失敗したことも数知れずあります。中には、非常に大きな失敗もあります。それでも今、まがりなりにも会社を経営できているのは、一つの得意技を持っているからだと思っています。

それが真似ることです。

ベレーロ時代は、カバーオールのFCを真似て製販分離の仕組みを採り入れました。ダイキチカバーオールでCTIや「営業プロセス管理システム」を採用したのも、他社がやっていて良いと思ったからです。これらはほんの一部で、そのすべてを本書で紹介することはできませんが、私はこれまでに他社が取り組んでいるさまざまなことを真似して採り入れてきました。

10個のアイデアを考え出すのは至難の技です。しかし、10個のアイデアを真似るのはすぐにでも実行できます。真似ることほど簡単で効率的な方法はありません。

どの会社でもどんどん真似をしてよさそうなのに、それほど多く見かけないのは、ちょっとしたハードルがあるからだと思います。

そのハードルの一つがプライドです。

「あんな小さな会社がやっていることを真似できるか」「部下の真似などできるか」などと思っているからではないでしょうか。プライドを前に出しすぎるのは、進歩の妨げになります。プライドはいったん横に置いて、素直に実行してみるべきです。

もう一つのハードルが疑心です。

「本当にこれでうまくいくのだろうか?」

疑心の解決方法は簡単です。四の五のいわずにやってみることです。それでうまくいかなければ止めればいいのです。うまくいくかどうかを疑って悩んでいる時間がもったいないと思いませんか。

本書では、ダイキチカバーオールのＦＣモデルを紹介するとともに、このモデルができ上がるまでの経緯や独自性なども解説しました。

読者の皆さんには、共感していただける箇所もあれば、納得がいかない箇所もあったかもしれません。日本の一般的なＦＣには見られない考え方や方法論も多いため、反論や批判を頂戴することがあっても不思議ではありません。もしそうしたご意見を伺う機会があれば、真摯に受け止めたいと思っております。

その一方で、参考になりそうな点が一つでもありましたら、ぜひとも、すぐに真似していただければと思います。

私はダイキチカバーオールの、この新しいＦＣモデルこそ、今後の日本のＦＣビジネスに発展をもたらすモデルだと確信しています。本書を読んで賛同していただける方があれば、我々とともにこのモデルの普及に取り組んでいただきたいと思っています。

本書は、すでにどこかのＦＣに加盟している方、これから加盟しようと考えている方、ダイキチカバーオールのライバルになるかもしれない他のFC経営者やそこで働く社員の方々に向けて執筆しました。将来、どこかで皆様とお会いする機会がありましたら、「小田さんの本を読みましたよ」と、気軽にお声がけください。

最後になりましたが、私のような者がダイキチカバーオールという会社の経営を任され、FCビジネスについての著書を出版できるのも、ダイキチの松井信博会長に長年、叱咤激励、ご指導いただいたおかげです。松井会長との出会いがなければ今の私はありません。もちろん、松井会長だけでなく、多くの方々のご支援があったからこそ、私はこうして清掃事業を通して、微力ながら世の中に貢献できています。この場をお借りして皆様に心より感謝いたします。

人は成功すると慢心しがちですが、成功したときこそ、「感謝の気持ち」を忘れてはならない。このことも松井会長や盛和塾で学んだ大切なことです。

自戒を込めて申し上げると、自分が成功したことだけに満足し、それに甘んじているようでは、本当の成功とはいえないばかりか、後に続く若い人たちを育てられません。

「人材育成」という経営者の最も大切な役割を果たしていないということです。

松井会長をはじめ多くの方々から学ばせていただいた私は、そのことに対する「感謝の気持ち」を行動で示すべく、今度は若い人たちの成長を後押ししていかねばなりません。日頃の仕事を通してダイキチカバーオールの若い社員に接しているように、この本を通じて若い読者に少しでも私の思いを伝えることができたなら、これほどうれしいことはありません。

最後までお読みいただき、本当にありがとうございました。

【著者プロフィール】

小田吉彦（Yoshihiko Oda）

ダイキチカバーオール株式会社　代表取締役社長

大阪府生まれ。高校卒業後家業の土木業に携わった後、不動産会社の営業職に就く。バブル期前後の企業の浮沈を経験し、経営の難しさを知る。1992年、株式会社ダイキチ入社と同時に新規事業フラワー事業部の事業部長に任命され、さまざまな営業方法を取り入れて業績を大幅に伸ばした。1996年11月には、ダイキチグループの分社制度により株式会社ベレーロが設立され、その取締役営業部長となる。1999年6月、カバーオール事業部の営業部長に就任。2002年6月、同事業部がダイキチカバーオール株式会社として分社し、同社の代表取締役社長に就任した。設立以来、増収増益を続けている。

著書に『定年後の仕事と生活――もっと自由に！　もっと楽しく！　もっと豊かに！』（ダイヤモンド社）、『年商20億円社長が教える「これが商いだ！」――人を伸ばせば、会社も自分も伸びる』『増収増益社長が教える「これが商いだ！」』（以上、同文舘出版）、『凡人だから成長する！ 社員がイキイキと働くマネジメント術』『イキイキさせ屋 ――増収増益を続ける会社のビジネスモデル』（以上、出版文化社）がある。

※ダイキチカバーオール株式会社では、いつでもベンチマーキング（会社見学）を受け付けております。お問い合わせは下記まで。

ダイキチカバーオール株式会社
〒542-0082　大阪府大阪市中央区島之内1-13-28　ユラヌス21ビル
〔大阪本社〕TEL：06-6241-7350　FAX：06-6241-7351
URL：http://www.coverall.co.jp/

失敗しないフランチャイズ経営の極意

FCビジネスで社会をイキイキさせる

2019年6月15日　初版第1刷発行
著　者　　小田 吉彦
発行所　　株式会社 出版文化社
〈東京本部〉
〒101-0051 東京都千代田区神田神保町 2-20-2 ワカヤギビル 2F
TEL 03-3264-8811（代）　FAX 03-3264-8832
〈大阪本部〉
〒541-0056 大阪府大阪市中央区久太郎町 3-4-30 船場グランドビル 8F
TEL 06-4704-4700（代）　FAX 06-4704-4707
〈名古屋支社〉
〒454-0011 愛知県名古屋市中川区山王 2-6-18 リバーサイド山王 2F
TEL 052-990-9090（代）　FAX 052-324-0660
〈出版物受注センター〉
TEL 03-3264-8825　　FAX 03-3239-2565
E-mail　book@shuppanbunka.com
発行人　　浅田 厚志
印刷・製本　中央精版印刷株式会社

Directed by Kazuma Mori　Co-edited by Koichi Tabata
ISBN978-4-88338-663-5　C0034

出版文化社の会社概要および出版目録はウェブサイトで公開しております。
また書籍の注文も承っております。→ http://www.shuppanbunka.com/
郵便振替番号　00150-7-353651